Hühnchen-gerichte

Die köstlichsten Rezepte

Parragon

Bath · New York · Singapore · Hong Kong · Cologne · Delhi · Melbourne

Layout: Terry Jeavons & Company

Übersetzung: Lisa Heilig, Köln; Melanie Schirdewahn, Köln; u. a.
Redaktion: Mareike Ahlborn, Essen
Satz: Geert Möbius, Bergisch Gladbach
Koordination: trans texas publishing, Köln

ISBN: 978-1-4075-7515-5
Printed in China

Sofern die Schale von Zitrusfrüchten benötigt wird, verwenden Sie unbedingt unbehandelte Früchte.
Sind Zutaten in Löffeln angegeben, ist immer ein gestrichener Löffel gemeint: Ein Teelöffel entspricht 5 ml, ein Esslöffel 15 ml.
Sofern nicht anders angegeben, wird Vollmilch (3,5 % Fett) verwendet.
Es sollte stets frisch gemahlener schwarzer Pfeffer verwendet werden.
Bei Eiern und einzelnen Gemüsesorten, z. B. Kartoffeln, verwenden Sie mittelgroße Exemplare.
Kinder, ältere Menschen, Schwangere, Kranke und Rekonvaleszenten sollten auf Gerichte mit rohen oder nur leicht gegarten Eiern verzichten.
Die angegebenen Zeiten können von den tatsächlichen leicht abweichen, da je nach verwendeter Zubereitungsmethode und vorhandenem Herdtyp Schwankungen auftreten.

Hühnchen-gerichte

Die köstlichsten Rezepte

Einführung

Hühnchenfleisch erfreut sich in den letzten Jahren rund um den Globus immer größerer Beliebtheit. Ein Grund dafür ist sicher, dass die Tiere sich schnell aufziehen lassen und verhältnismäßig wenig Fläche benötigen. Bedenken Sie beim Kauf aber, dass artgerecht gehaltene und frei laufende Tiere zwar etwas teurer sind, aber wesentlich besser schmecken als industriell gemästete Hühner.

Unter ernährungswissenschaftlichen Gesichtspunkten ist Hühnchenfleisch eine ausgezeichnete Eiweiß- und Mineralstoffquelle (zum Beispiel für Zink und Eisen). Darüber hinaus ist es fettarm und enthält keine Kohlenhydrate, ist also ideal für jede Form von Diät. Außerdem lässt sich das Fleisch schnell zubereiten, sodass im Handumdrehen ein vollwertiges und leichtes Essen entsteht.

Es gibt so viele Zubereitungsarten für Hühnchen, dass Sie es eine ganze

Woche lang essen könnten, ohne es langweilig zu finden. Hühnchenfleisch kann gebraten, gekocht oder gegrillt und mit Kartoffeln, Reis, Gemüse oder in einem Salat serviert werden. Steht Ihnen etwas mehr Zeit zur Verfügung, sind die Möglichkeiten schier endlos. Wenn Sie Reis lieben, bieten sich ein cremiges italienisches Risotto oder eine safrangelbe spanische Paella an. Wenn Sie Nudelfan sind, können Sie sich in diesem Buch von fantastischen Saucen oder selbst gefüllter Pasta wie Tortellini oder Ravioli inspirieren lassen. Wenn Tex-Mex nach Ihrem Geschmack ist, sind die Rezepte für Fajitas, Tacos und Tostadas das Richtige. Aber auch die asiatische Küche trumpft mit vielen köstlichen Hühnchen-Rezepten auf.

Einige Rezepte sind speziell für Diabetiker oder eine fettarme, glutenfreie oder Low-Carb-Diät geeignet. Die entsprechenden Vorschläge finden Sie auf den Kapiteleingangsseiten. Warum auch immer Sie sich für Hühnchen entscheiden, Sie haben eine gesunde Wahl getroffen!

Suppen, Vorspeisen & Salate

Hühnchen und Suppe scheinen füreinander geschaffen, und in diesem Kapitel finden Sie Suppen mit einem jeweils ganz eigenen Charakter – von einer leichten und köstlichen *Klaren Brühe mit Pilzen & Huhn* über eine cremige *Hühnchen-Estragon-Suppe* bis hin zu der ausgefallenen mexikanischen *Hühnersuppe mit Avocado & Chillies*. Und wenn Sie sich unwohl fühlen, geht nichts über eine stärkende *Nudelsuppe mit Huhn* – das klassische Allheilmittel!

Hühnchen ist eine prima Zutat für Vorspeisen. Als spanische Tapas werden *Knusprige Hühnchen-Schinken-Kroketten* oder *Hühnchen in Zitrone & Knoblauch* serviert, während die samtig-cremige *Hühnerleberpaste* eine Spezialität aus den französischen Bistros und das herrlich aromatische *Hühnchen mit Sojasauce* ein typisch chinesischer Imbiss ist – einfach zum Reinbeißen!

Ein Hühnchensalat ist nie langweilig. Blauschimmelkäse bietet sich als Partner an, wie Sie beim *Hühnchen-Rucola-Salat* oder bei der *Hühnchenroulade mit Blauschimmelkäse* entdecken werden. *Cajun-Hühnchensalat* oder *Roter Hühnchensalat* sind schön scharf. Und wenn Sie einen Salat mit wenig Fett, aber vollem Geschmack servieren möchten, bietet sich der *Thai-Hühnchensalat* an.

Hühnchen-Brokkoli-Suppe

Zutaten

FÜR 4–6 PERSONEN

225 g Brokkoli, in kleine Röschen zerteilt
Salz und Pfeffer
50 g Butter
1 Zwiebel, gehackt
100 g Basmatireis
225 g Hähnchenbrustfilet, in feine Streifen geschnitten
25 g Vollkornmehl
300 ml Milch
500 ml Hühnerbrühe
50 g Mais aus der Dose

Zubereitung

1 Den Brokkoli in einem Topf mit kochendem, leicht gesalzenem Wasser 3 Minuten blanchieren. Das Wasser abgießen, den Brokkoli in kaltem Wasser abschrecken, abtropfen lassen und beiseitestellen.

2 Die Butter bei mittlerer Hitze in einem Topf zerlassen. Zwiebel, Reis und Fleischstreifen darin 5 Minuten unter häufigem Rühren anbraten.

3 Den Topf vom Herd nehmen und das Mehl zugeben. Den Topf wieder auf den Herd stellen und das Mehl 2 Minuten unter ständigem Rühren anschwitzen. Erst mit der Milch, dann mit der Brühe ablöschen. Unter ständigem Rühren zum Kochen bringen. Die Hitze reduzieren und 10 Minuten köcheln lassen.

4 Den Brokkoli mit dem Mais in die Suppe geben. Mit Salz und Pfeffer abschmecken. Weitere 5 Minuten kochen, bis der Reis gar ist, und sofort servieren.

Hühnchen-Estragon-Suppe

Zutaten

FÜR 4 PERSONEN

50 g Butter
1 große Zwiebel, gehackt
300 g gegartes Hühnerfleisch, klein gewürfelt
625 ml Hühnerbrühe
Salz und Pfeffer
1 EL frisch gehackter Estragon
150 g Sahne
frische Estragonblätter, zum Garnieren
Croûtons, zum Servieren

Zubereitung

1 Die Butter in einem großen Topf zerlassen und die Zwiebel 3 Minuten darin andünsten.

2 Drei Viertel des Hühnerfleisches und die Hälfte der Brühe zugeben und alles zum Kochen bringen. Die Hitze reduzieren und 20 Minuten köcheln lassen. Etwas abkühlen lassen und mit dem Pürierstab oder im Mixer glatt pürieren.

3 Die restliche Brühe und das restliche Fleisch unterrühren und mit Salz und Pfeffer abschmecken.

4 Den gehackten Estragon zugeben. Die Suppe in Schalen füllen und die Sahne unterrühren. Mit den Estragonblättern garnieren und Croûtons dazu servieren.

Hühnersuppe mit Avocado & Chillies

Zutaten

FÜR 4 PERSONEN

1,5 l Hühnerbrühe
2–3 Knoblauchzehen, zerdrückt
1–2 Chipotle-Chillies, in sehr feine Streifen geschnitten
1 reife Avocado
Limetten- oder Zitronensaft, zum Beträufeln
4 Frühlingszwiebeln, in feine Ringe geschnitten
400 g gekochtes Hähnchenbrustfilet, gewürfelt oder in dünne Streifen geschnitten
2 EL frisch gehackter Koriander
1 Limette, in Spalten geschnitten, zum Garnieren
1 Handvoll Tortilla-Chips (Nachos), zum Servieren

Zubereitung

1 Die Brühe zusammen mit dem Knoblauch und den Chipotle-Chillies in einen Topf geben und aufkochen.

2 Die Avocado halbieren und den Kern mit einem Messer entfernen. Das Fruchtfleisch vorsichtig von der Schale lösen, in kleine Würfel schneiden und mit etwas Limetten- oder Zitronensaft beträufeln, um Verfärbungen zu vermeiden.

3 Frühlingszwiebeln, Avocado, Hühnerfleisch und Koriander auf vier tiefe Teller verteilen oder in eine große Suppenterrine geben.

4 Die heiße Brühe über Fleisch und Gemüse gießen und die fertige Suppe mit den Limettenspalten garnieren. Nach Belieben Tortilla-Chips dazu reichen.

Klare Brühe mit Pilzen & Huhn

Zutaten

FÜR 4 PERSONEN

25 g getrocknete Shiitake-Pilze oder andere Trockenpilze
1 l Wasser
2 EL Erdnuss- oder Pflanzenöl
120 g weiße Champignons, in Scheiben geschnitten
2 Knoblauchzehen, grob gehackt
5-cm-Stück Galgantwurzel, in dünne Scheiben geschnitten
2 Portionen Hähnchenbrust mit Knochen und Haut
225 g kleine braune Champignons, geviertelt
Saft von ½ Limette
frische Zweige glatte Petersilie, zum Garnieren

Zubereitung

1 Die Trockenpilze 20–30 Minuten in heißem Wasser einweichen. Die Pilze abtropfen lassen und das Einweichwasser aufheben. Die Stiele entfernen und wegwerfen, die Hüte hacken.

2 Das Einweichwasser mit dem abgemessenen Wasser in einen Topf gießen und zum Kochen bringen. Die Hitze so weit reduzieren, dass die Pilzbrühe nur noch schwach köchelt.

3 Inzwischen das Öl in einem Wok erhitzen. Eingeweichte Pilze, frische Champignons, Knoblauch und Galgantwurzel darin unter Rühren 3–4 Minuten anbraten. Alles zusammen mit der Hähnchenbrust in den Topf mit der Pilzbrühe geben und 10–15 Minuten köcheln, bis sich das Fleisch leicht vom Knochen löst.

4 Die Hähnchenbrust aus dem Topf nehmen. Die Haut abziehen und beiseitelegen, dann das Fleisch vom Knochen lösen und in Streifen schneiden. Haut und Knochen zurück in die Brühe geben und weitere 30 Minuten köcheln.

5 Die Brühe durch ein mit Musselin ausgelegtes Sieb in einen sauberen Topf gießen. Noch einmal aufkochen und braune Champignons, Fleischstreifen und Limettensaft zugeben. Die Hitze reduzieren und alles 10 Minuten köcheln. In vorgewärmte Schalen geben, mit Petersilie garnieren und servieren.

Nudelsuppe mit Huhn

Zutaten

FÜR 4–6 PERSONEN

2 Hähnchenbrustfilets
2 l Wasser
1 Zwiebel, ungeschält und halbiert
1 große Knoblauchzehe, halbiert
1-cm-Stück Ingwerwurzel, in Scheiben geschnitten
4 schwarze Pfefferkörner, grob zerstoßen
4 Gewürznelken
2 Sternanise
Salz
1 Karotte, in feine Stifte geschnitten
1 Selleriestange, in feine Stifte geschnitten
100 g Babymaiskolben, längs halbiert
2 Frühlingszwiebeln, in feine Streifen geschnitten
120 g Reisnudeln (Vermicelli)

Zubereitung

1 Die Hähnchenbrustfilets mit dem Wasser in einen Topf geben und aufkochen. Die Hitze stark reduzieren und gelegentlich den Schaum von der köchelnden Flüssigkeit abschöpfen. Zwiebel, Knoblauch, Ingwer, Pfefferkörner, Gewürznelken, Sternanise und eine Prise Salz zugeben und 20 Minuten köcheln lassen, bis das Fleisch gar ist.

2 Das Fleisch abgießen und 1,25 l Brühe auffangen. Die Würzzutaten entfernen. Sie können die Brühe jetzt auch abkühlen lassen und über Nacht kalt stellen, sodass das Fett erstarrt und sich leicht abheben lässt. Die Brühe zur Weiterverarbeitung mit Karotte, Sellerie, Mais und Frühlingszwiebeln in einen sauberen Topf geben und aufkochen. Köcheln lassen, bis das Gemüse fast gar ist.

3 Die Nudeln zugeben und weitere 2 Minuten köcheln lassen. Inzwischen das Fleisch in Stücke schneiden und zur Suppe geben. Alles 1 weitere Minute köcheln lassen, bis das Fleisch durchgewärmt ist und die Nudeln gar sind. Abschmecken.

Hühnchen-Crostini

Zutaten

FÜR 4 PERSONEN

12 dicke Scheiben Baguette oder Landbrot
4 EL Olivenöl
2 Knoblauchzehen, gehackt
2 EL frisch gehackter Oregano
Salz und Pfeffer
100 g gebratenes Hähnchenbrustfilet, in kleine, dünne Scheiben geschnitten
4 Tomaten, in Scheiben geschnitten
12 dünne Scheiben Ziegenkäserolle
12 schwarze Oliven, entsteint und gehackt
frische Salatblätter, zum Servieren

Zubereitung

1 Das Brot unter dem Backofengrill von beiden Seiten leicht rösten. Währenddessen Olivenöl, Knoblauch und Oregano in einer Schale verrühren. Mit Salz und Pfeffer abschmecken. Die Brotscheiben auf einer Seite damit bestreichen.

2 Den Backofen auf 180 °C vorheizen. Die Brotscheiben mit der bestrichenen Seite nach oben auf ein Backblech setzen. Jede Brotscheibe mit etwas Hähnchenbrust, 1 Tomatenscheibe und 1 Scheibe Ziegenkäse belegen.

3 Mit den Oliven garnieren und dem restlichen Knoblauchöl beträufeln. Im Ofen etwa 5 Minuten überbacken, bis der Käse zu schmelzen beginnt.

4 Aus dem Ofen nehmen und mit den Salatblättern servieren.

Knusprige Hühnchen-Schinken-Kroketten

Zutaten

ERGIBT 8 STÜCK

4 EL Olivenöl oder 50 g Butter
4 EL Mehl
200 ml Milch
120 g gegartes Hühnerfleisch, sehr fein gehackt
50 g Serrano- oder gekochter Schinken, fein gehackt
1 EL frisch gehackte glatte Petersilie, plus einige Zweige zum Garnieren
1 Prise frisch geriebene Muskatnuss
Salz und Pfeffer
1 Ei, verquirlt
60 g Semmelbrösel von altbackenem Weißbrot
Sonnenblumenöl, zum Frittieren
Aïoli, zum Servieren

Zubereitung

1 Das Olivenöl in einem Topf erhitzen. Das Mehl einrühren und 1 Minute anschwitzen. Den Topf vom Herd nehmen und die Milch unterrühren. Alles glatt verrühren. Den Topf wieder auf den Herd stellen und die Mischung unter Rühren aufkochen, bis sie eindickt.

2 Den Topf vom Herd nehmen, das Hühnerfleisch zugeben und unter die Milchmischung rühren. Schinken, Petersilie und Muskatnuss daruntermischen. Mit Salz und Pfeffer abschmecken. Die Fleischmischung in eine Schüssel geben und abkühlen lassen. Abdecken und für 2–3 Stunden oder über Nacht in den Kühlschrank stellen.

3 Wenn die Mischung ausgekühlt ist, das Ei in einen Teller geben und die Semmelbrösel auf einem anderen Teller ausbreiten. Die Fleischmischung in 8 Portionen teilen. Mit feuchten Händen 8 Kroketten formen. Diese in Ei und in Semmelbröseln wenden, auf einen Teller legen und für 1 Stunde in den Kühlschrank stellen.

4 Das Öl in einer Fritteuse auf 180–190 °C erhitzen. Die Kroketten darin portionsweise 5–10 Minuten goldbraun frittieren. Mit dem Schaumlöffel herausnehmen und auf Küchenpapier abtropfen lassen. Mit Petersilienzweigen garnieren und Aïoli dazu reichen.

Hühnerleberpaste

Zutaten

ERGIBT 8–10 PORTIONEN

175 g kalte Butter
500 g Hühnerleber, von Sehnen befreit und in Stücke geschnitten
½ EL Sonnenblumenöl
2 Schalotten, fein gehackt
2 große Knoblauchzehen, fein gehackt
2½ EL Madeira oder Weinbrand
2 EL Crème double
1 TL getrockneter Thymian
1 Msp. gemahlener Piment
Salz und Pfeffer

Zum Servieren

getoastete Brioche
frische Salatblätter

Zubereitung

1 In einer großen Pfanne bei mittlerer Hitze 25 g Butter zerlassen. Die Hühnerleber zufügen und 5 Minuten unter Rühren braten, bis sie außen braun, innen aber noch rosa ist; dabei eventuell portionsweise vorgehen, damit die Pfanne nicht zu voll wird.

2 Das Fleisch mit Bratensaft in eine Küchenmaschine geben. Weitere 25 g Butter mit dem Öl in die Pfanne geben. Sobald die Butter zerlassen ist, Schalotten und Knoblauch zufügen und 2–3 Minuten unter Rühren braten, bis die Schalotten weich, aber nicht braun sind.

3 Mit Madeira ablöschen und eventuellen Bratensatz vom Pfannenboden lösen. Crème double, Thymian, Piment, Salz und Pfeffer zufügen und alles zur Leber in die Küchenmaschine geben. Die restliche Butter würfeln und ebenfalls zufügen.

4 Die Mischung in der Küchenmaschine glatt pürieren und abschmecken. Die fertige Paste leicht abkühlen lassen, in eine Servierschale umfüllen und zum völligen Erkalten beiseitestellen.

5 Die erkaltete Paste kann sofort verzehrt oder abgedeckt bis zu 3 Tage im Kühlschrank gelagert werden; dann 30 Minuten vor dem Servieren aus dem Kühlschrank nehmen. Brioche und Salatblätter dazu reichen.

Hühnchen in Zitrone & Knoblauch

Zutaten

FÜR 6–8 PERSONEN

4 große Hähnchenbrustfilets
5 EL natives Olivenöl extra
1 Zwiebel, fein gehackt
6 Knoblauchzehen, fein gehackt
2 Zitronen (abgeriebene Schale von 1 Zitrone, Zesten von 1 Zitrone, Saft von beiden Zitronen)
4 EL frisch gehackte glatte Petersilie, plus etwas mehr zum Garnieren
Salz und Pfeffer

Zum Servieren

Zitronenspalten
knuspriges Brot

Zubereitung

1 Das Hühnchenfleisch mit einem scharfen Messer quer zur Faser in sehr dünne Scheiben schneiden. Das Olivenöl in einer großen, schweren Pfanne erhitzen. Die Zwiebel zugeben und etwa 5 Minuten weich dünsten, aber nicht bräunen. Den Knoblauch zugeben und weitere 30 Sekunden dünsten.

2 Das Hühnchenfleisch in die Pfanne geben und 5–10 Minuten bei schwacher Hitze braten, dabei gelegentlich umrühren, bis alle Zutaten leicht gebräunt sind und das Fleisch gar ist.

3 Zitronenschale und Zitronensaft zufügen und alles kurz aufkochen. Dabei gleichzeitig den Bratensatz mit einem Holzlöffel vom Pfannenboden lösen und alles gut verrühren. Die Pfanne vom Herd nehmen, die Petersilie unterrühren und das Gericht mit Salz und Pfeffer abschmecken.

4 Die heiße Vorspeise in eine vorgewärmte Schale geben. Mit Zitronenzesten und Petersilie bestreuen. Zitronenspalten zum Ausdrücken und knusprige Brotscheiben zum Aufnehmen der Sauce dazu reichen.

Hühnchen mit Sojasauce

Zutaten

FÜR 3–4 PERSONEN

250 g Hähnchenflügel
250 ml Wasser
1 EL in Ringe geschnittene Frühlingszwiebel
2,5-cm-Stück Ingwerwurzel, in 4 Scheiben geschnitten
2 EL helle Sojasauce
½ TL dunkle Sojasauce
1 Sternanis
1 TL Zucker

Zubereitung

1 Die Hähnchenflügel abspülen und trocken tupfen. Das Wasser in einem kleinen Topf zum Kochen bringen. Fleisch, Frühlingszwiebel und Ingwer zugeben und erneut aufkochen.

2 Die restlichen Zutaten zufügen und alles abgedeckt 30 Minuten köcheln lassen.

3 Die Hähnchenflügel aus dem Sud heben, abtropfen lassen und heiß servieren.

Warmer Geflügellebersalat

Zutaten

FÜR 4 PERSONEN

250 g gemischte Salatblätter, in mundgerechte Stücke gezupft
2 EL frisch gehackte glatte Petersilie
2 EL frisch gehackter Schnittlauch
4 EL Olivenöl
100 g Schalotten, fein gehackt
1 große Knoblauchzehe, fein gehackt
500 g Hühnerleber, von Sehnen befreit und halbiert
3 EL Himbeeressig
Salz und Pfeffer
frisches Baguette, zum Servieren

Zubereitung

1 Die Salatblätter mit Petersilie und Schnittlauch vermengen und auf 4 Tellern anrichten.

2 In einer Pfanne 2 Esslöffel Öl bei mittlerer Hitze erwärmen. Schalotten und Knoblauch darin 2 Minuten andünsten, bis die Schalotten weich, aber nicht gebräunt sind.

3 Einen weiteren Esslöffel Öl in die Pfanne geben und erhitzen. Die Hühnerleber zufügen und 5 Minuten braten; wenn sie aufgeschnitten wird, sollte sie in der Mitte noch leicht rosa sein. Falls erforderlich, während des Bratens noch ein wenig mehr Öl in die Pfanne geben.

4 Die Hitze erhöhen, den Essig zugießen und in der Pfanne verrühren. Die Leber mit Salz und Pfeffer würzen, mit dem Bratsud auf den Salatblättern verteilen und das fertige Gericht sofort mit Baguette servieren.

Hühnchen-Rucola-Salat

Zutaten

FÜR 4 PERSONEN

150 g Rucola
2 Selleriestangen, in Scheiben geschnitten
½ Salatgurke, in Scheiben geschnitten
2 Frühlingszwiebeln, in Ringe geschnitten
2 EL frisch gehackte Petersilie
25 g Walnüsse, grob gehackt
350 g kaltes gebratenes Hähnchenbrustfilet, in dicke Scheiben geschnitten
125 g kräftiger Blauschimmelkäse, gewürfelt
1 Handvoll kernlose rote Trauben, halbiert (nach Belieben)
Salz und Pfeffer

Dressing

2 EL natives Olivenöl extra
1 EL Sherryessig
1 TL Dijon-Senf
1 EL frisch gehackte Salatkräuter

Zubereitung

1 Die Rucolablätter waschen und mit Küchenpapier trocken tupfen. In eine große Schüssel geben und sorgfältig mit Sellerie, Gurke, Frühlingszwiebeln, Petersilie und Walnüssen vermengen. Auf eine große Servierplatte geben und die Hähnchenbrustscheiben darauf anrichten. Käsewürfel und, falls verwendet, Trauben darauf verteilen. Großzügig salzen und pfeffern.

2 Für das Dressing alle Zutaten in ein Schraubglas füllen und gut schütteln. Alternativ in einer Schale sorgfältig verrühren. Über den Salat geben und sofort servieren.

Salat mit Hähnchenstreifen & Orangendressing

Zutaten

FÜR 4 PERSONEN

250 g junger Blattspinat
1 Handvoll frische Petersilienblätter
½ Salatgurke, in dünne Scheiben geschnitten
90 g Walnüsse, geröstet und gehackt
350 g mageres gebratenes Brathähnchen, entbeint und in dünne Streifen geschnitten
2 rote Äpfel
1 EL Zitronensaft
frische Zweige glatte Petersilie, zum Garnieren
Orangenspalten, zum Servieren

Dressing

2 EL natives Olivenöl extra
Saft von 1 Orange
fein abgeriebene Schale von ½ Orange
1 EL Crème fraîche

Zubereitung

1 Spinatblätter und Petersilie waschen und gut abtropfen lassen. Die Blätter auf einer großen Servierplatte verteilen. Mit Gurke und Walnüssen belegen. Die Hähnchenstreifen dekorativ auf dem Salat auslegen.

2 Die Äpfel entkernen und halbieren. Jede Hälfte in Scheiben schneiden und mit Zitronensaft beträufeln, damit sie nicht braun werden. Die Apfelscheiben zum Salat geben.

3 Für das Dressing alle Zutaten in ein Schraubglas füllen und gut schütteln, bis sie gut vermischt sind. Das Dressing über den Salat träufeln, den Salat mit Petersilie garnieren und sofort mit Orangenspalten servieren.

Hühnchenroulade mit Blauschimmelkäse

Zutaten

FÜR 4 PERSONEN

2 EL geröstete Pinienkerne
2 EL frisch gehackte Petersilie
2 EL frisch gehackter Thymian
1 Knoblauchzehe, gehackt
1 EL abgeriebene Zitronenschale
Salz und Pfeffer
4 große Hähnchenbrustfilets
250 g kräftiger Blauschimmelkäse, zerkrümelt
frische gemischte Salatblätter, in mundgerechte Stücke gezupft, zum Servieren

Zum Garnieren

Zitronenscheiben
frische Zweige glatte Petersilie

Zubereitung

1 Pinienkerne, Petersilie, Thymian, Knoblauch und Zitronenschale in eine Küchenmaschine geben und fein hacken. Mit Salz und Pfeffer abschmecken.

2 Die Hähnchenbrustfilets etwas flacher klopfen. Auf einer Seite mit der Pinienkernmischung und mit dem Käse bestreuen. Die Filets von der kurzen Seite her fest aufrollen. Die Rouladen in Alufolie einwickeln und fest verschließen. In einen Topf mit Dämpfeinsatz geben und bei geschlossenem Deckel 10–12 Minuten dämpfen, bis das Fleisch gar ist.

3 Den Salat auf einer großen Servierplatte anrichten. Die Rouladen aus der Alufolie wickeln und in dicke Scheiben schneiden, dann auf dem Salatbett anrichten. Mit Zitronenscheiben und Petersilienzweigen garnieren.

Cajun-Hühnchensalat

Zutaten

FÜR 4 PERSONEN

4 Hähnchenbrustfilets (à 140 g)
4 TL Cajun-Gewürzmischung
2 TL Maiskeimöl
1 reife Mango, in dicke Scheiben geschnitten
200 g gemischte Salatblätter
1 rote Zwiebel, halbiert und in feine Scheiben geschnitten
175 g gekochte Rote Bete, gewürfelt
80 g Radieschen, in Scheiben geschnitten
50 g Walnusshälften

Dressing

4 EL Walnussöl
1–2 TL Dijon-Senf
1 EL Zitronensaft
Salz und Pfeffer
2 EL Sesamsaat

Zubereitung

1 Die Hähnchenbrustfilets 3-mal diagonal einschneiden. In eine flache Schüssel geben und mit der Gewürzmischung bestreuen. Abgedeckt mindestens 30 Minuten im Kühlschrank ziehen lassen.

2 Eine Grillpfanne mit dem Öl bestreichen und stark erhitzen. Die Hähnchenbrustfilets darin von jeder Seite 7–8 Minuten braten. Das Fleisch sollte ganz durchgegart und in der Mitte nicht mehr rosa sein. Aus der Pfanne nehmen und beiseitestellen.

3 Die Mangoscheiben in die Grillpfanne geben und von jeder Seite 2 Minuten braten. Aus der Pfanne nehmen und beiseitestellen.

4 Den Salat, bis auf einige Blätter zum Garnieren, mundgerecht zupfen und in eine Schüssel geben. Zwiebel, Rote Bete, Radieschen und Walnüsse zugeben.

5 Für das Dressing Walnussöl, Senf, Zitronensaft, Salz und Pfeffer in ein Schraubglas füllen und gut schütteln. Das Dressing über den Salat träufeln, Sesam darüberstreuen und alles gut vermengen.

6 Den Salat auf eine große Servierplatte geben. Mangoscheiben und Hähnchenbrust darauf anrichten. Mit den restlichen Salatblättern garnieren.

San Choi Bao

Zutaten

FÜR 6 PERSONEN

1 EL Erdnuss- oder Pflanzenöl
100 g Hähnchenbrustfilet, sehr klein gewürfelt
25 g Wasserkastanien, fein gehackt
1 TL frischer, fein gehackter chinesischer Schnittlauch
25 g Pinienkerne, leicht geröstet
1 TL Salz
½ TL weißer Pfeffer
6 frische Salatblätter, gewaschen
3 TL Pflaumensauce, zum Servieren

Zubereitung

1 Das Öl im vorgeheizten Wok erhitzen und das Hühnerfleisch darin 1 Minute unter Rühren anbraten. Wasserkastanien und Schnittlauch zufügen und 2 Minuten pfannenrühren. Die Pinienkerne 1 Minute mitgaren. Mit Salz und Pfeffer abschmecken.

2 Auf jedes Salatblatt 1 Esslöffel Hühnerfleisch geben und mit Pflaumensauce beträufeln. Zu kleinen Röllchen formen und servieren.

Hühnchensalat mit Ingwer & Gemüse

Zutaten

FÜR 4 PERSONEN

- 4 Hähnchenbrustfilets, in 2 cm große Würfel geschnitten
- 4 Frühlingszwiebeln, gehackt
- 2,5-cm-Stück Ingwerwurzel, fein gehackt
- 4 Knoblauchzehen, 2 zerdrückt und 2 gehackt
- 3 EL Erdnuss- oder Pflanzenöl
- 1 Zwiebel, in Ringe geschnitten
- 120 g Babymaiskolben, längs halbiert
- 120 g Zuckererbsen, längs halbiert
- 1 rote Paprika, in Streifen geschnitten
- 8-cm-Stück Salatgurke, geschält, entkernt und in Streifen geschnitten
- 4 EL Sojasauce
- 1 EL brauner Zucker
- 1 EL frisch gehacktes Thai-Basilikum
- 175 g dünne chinesische Eiernudeln

Zubereitung

1 Hühnerfleisch, Frühlingszwiebeln, Ingwer, zerdrückten Knoblauch und 2 Esslöffel Öl in einer flachen Schüssel mischen. Mindestens 3 Stunden marinieren. Das Fleisch aus der Marinade nehmen und beiseitestellen.

2 Das restliche Öl in einem Wok erhitzen. Zwiebel und gehackten Knoblauch 1–2 Minuten darin anbraten, dann Babymais, Zuckererbsen und Paprika zugeben. Alles 2–3 Minuten braten, bis das Gemüse gerade weich ist. Die Gurke, die Hälfte der Sojasauce, Zucker und Basilikum zugeben und vorsichtig unterheben.

3 Die Nudeln nach Packungsanweisung garen und abtropfen lassen. Mit der restlichen Sojasauce beträufeln und auf 4 Teller verteilen. Das Gemüse darübergeben.

4 Gegebenenfalls noch etwas Öl in den Wok geben und die Fleischwürfel bei starker Hitze rundum braun anbraten. Das Fleisch auf dem Salat anrichten und heiß oder lauwarm servieren.

Nudelsalat mit Huhn & Sesamdressing

Zutaten

FÜR 4 PERSONEN

200 g dicke chinesische Eiernudeln
100 g Zuckerschoten
2 Selleriestangen
4 gegarte Hähnchenoberschenkel ohne Haut

Dressing

3 EL dunkle Sojasauce
3 EL chinesische Sesampaste
½ EL Hoisin-Sauce
½ EL Zucker
½–1 EL milde Chilisauce
1 TL Reiswein
½ EL kochendes Wasser

Zubereitung

1 Für das Dressing Sojasauce, Sesampaste, Hoisin-Sauce, Zucker, Chilisauce und Reiswein mit einem Schneebesen verrühren, dann das kochende Wasser zufügen und rühren, bis der Zucker aufgelöst ist. Das Dressing abkühlen lassen, abdecken und kalt stellen.

2 Die Nudeln 5 Minuten in kochendem Wasser oder nach Packungsanweisung garen. Abgießen, mit kaltem Wasser abschrecken und abtropfen lassen, dann beiseitestellen.

3 Die Zuckerschoten mit einem kleinen, scharfen Messer längs in schmale Streifen schneiden. Den Sellerie in dünne Stifte schneiden. Das Fleisch mit den Fingern in Streifen zerpflücken. Wenn der Salat nicht gleich serviert wird, Fleisch und Gemüse abdecken und kalt stellen.

4 Kurz vor dem Servieren die Nudeln mit Fleisch, Zuckerschoten und Sellerie in einer großen Schüssel vermengen und mit dem Dressing beträufeln.

Roter Hühnchensalat

Zutaten

FÜR 4 PERSONEN

4 Hähnchenbrustfilets
2 EL rote Thai-Currypaste
2 EL Erdnuss- oder Pflanzenöl
1 Chinakohl, in Streifen geschnitten
175 g Pak Choi, grob gezupft
½ Wirsing, in Streifen geschnitten
2 Schalotten, fein gehackt
2 Knoblauchzehen, zerdrückt
1 EL Reisessig
2 EL süße Chilisauce
2 EL Sojasauce

Zubereitung

1 Die Hähnchenbrustfilets mehrfach einschneiden und die Currypaste in die Einschnitte reiben. Abdecken und über Nacht in den Kühlschrank stellen.

2 In einer Pfanne 1 Esslöffel Öl erhitzen und die Filets 5–6 Minuten gut durchbraten, dabei ein- oder zweimal wenden. Das Fleisch warm halten.

3 In einem Wok 1 Esslöffel Öl erhitzen. Chinakohl, Pak Choi und Wirsing zugeben und unter Rühren zusammenfallen lassen. Die Schalotten und den Knoblauch zugeben und weich dünsten, aber nicht bräunen. Reisessig, Chili- und Sojasauce einrühren. Vom Herd nehmen.

4 Das Gemüse auf 4 Teller verteilen. Die Hähnchenbrustfilets in Scheiben schneiden, auf dem Gemüse anrichten und mit dem warmen Kochsud als Sauce beträufeln. Sofort servieren.

Thai-Hühnchensalat

Zutaten

FÜR 6 PERSONEN

Pflanzenölspray
120 g Hähnchenbrustfilets, mit der Faser in Streifen geschnitten
25 g Reisnudeln (Vermicelli)
50 g Paprika
50 g Karotten
50 g Zucchini
50 g Zuckerschoten
50 g Babymaiskolben
50 g Brokkoli
50 g Pak Choi
4 EL frisch gehackter Koriander
Saft von 3 Limetten

Dressing

1 EL fein gehacktes Zitronengras
1 kleine, frische grüne Chili, fein gehackt
3 EL Limettensaft
1-cm-Stück Galgant- oder Ingwerwurzel, in feine Scheiben geschnitten
1½ TL Zucker
2 EL Weißweinessig
90 ml Wasser
1½ TL Speisestärke

Zubereitung

1 Für das Dressing alle Zutaten außer der Speisestärke in einen kleinen Topf geben und bei schwacher Hitze zum Kochen bringen. Die Speisestärke mit etwas kaltem Wasser anrühren. Unter ständigem Rühren in den Topf gießen und weiterkochen, bis die Sauce eindickt. Den Topf vom Herd nehmen und auskühlen lassen.

2 Eine Grillpfanne erhitzen und mit Ölspray besprühen. Das Hähnchenbrustfilet von jeder Seite 2 Minuten braten, bis es durchgegart ist. Aus der Pfanne nehmen und mundgerecht zerkleinern.

3 Die Vermicelli mit kochendem Wasser überbrühen und darin auskühlen lassen. Währenddessen Paprika, Karotten, Zucchini, Zuckerschoten und Babymais in feine Streifen schneiden. Den Brokkoli in 1 cm große Stücke und den Pak Choi in Streifen schneiden. Die Vermicelli abtropfen und mit Gemüse, Fleischstreifen und Koriander in einer großen Schüssel mischen. Das Dressing darüberträufeln und gut vermengen.

4 Abgedeckt für mindestens 2 Stunden im Kühlschrank ziehen lassen. Den Salat vor dem Servieren auf 6 Teller verteilen und jeweils mit dem Saft einer halben Limette beträufeln.

Leichte
Mahlzeiten

Hühnchenfleisch ist schnell zubereitet und gut bekömmlich, was es zu einem schön leichten Mittag- oder Abendessen macht. Das beste Beispiel dafür sind gesunde Hühnchengerichte aus dem Wok, serviert mit Reis, Nudeln oder einfach nur mit Fladenbrot. Wok-Gerichte sind darüber hinaus auch sehr praktisch, weil sie in relativ kurzer Zeit zubereitet werden können – ideal also, wenn es schnell gehen muss, aber doch etwas Vernünftiges auf den Tisch kommen soll. Versuchen Sie ein *Fünf-Gewürze-Hühnchen mit Gemüse*, *Hühnchen süßsauer* oder *Hühnchen mit Pak Choi*, das besonders bei einer kohlenhydratarmen Ernährung zu empfehlen ist.

Currys sind ebenfalls schnell in der Zubereitung und sehen dabei noch nach viel aus. Das *Hühnchencurry mit Zitronenreis* oder das *Balti-Hühnchen* eignen sich für Gäste, ebenso wie *Hühnchen in Kokossauce, Hühnchenspieße auf Currygemüse* oder *Hähnchen-Burger im Speckmantel*. All diese Gerichte können auch bequem im Voraus zubereitet werden.

Wenn es etwas Außergewöhnliches sein darf, können Sie sich für *Hühnchen-Fajitas* oder *Hühnchen-Tacos aus Puebla* entscheiden. Als besonders fettarme Gerichte empfehlen sich *Hühnchen-Wraps, Hühnchen in Minzsauce* und *Gebratenes Korianderhühnchen.*

Fünf-Gewürze-Hühnchen mit Gemüse

Zutaten

FÜR 4 PERSONEN

2 EL Sesamöl
1 Knoblauchzehe, gehackt
3 Frühlingszwiebeln, in Ringe geschnitten
1 EL Speisestärke
2 EL Reiswein
4 Hähnchenbrustfilets, in Streifen geschnitten
1 EL chinesisches Fünf-Gewürze-Pulver
1 EL frisch geriebener Ingwer
125 ml Hühnerbrühe
100 g Babymaiskolben, längs halbiert
300 g Bohnensprossen
fein gehackte Frühlingszwiebeln, zum Garnieren (nach Belieben)
frisch gekochter Jasminreis, zum Servieren

Zubereitung

1 Das Öl in einem Wok oder einer großen Pfanne erhitzen. Knoblauch und Frühlingszwiebeln hineingeben und bei mittlerer bis starker Hitze 1 Minute unter Rühren anbraten.

2 Die Speisestärke mit dem Reiswein anrühren. In den Wok gießen und 1 Minute pfannenrühren. Hühnchenfleisch, Fünf-Gewürze-Pulver, Ingwer und Hühnerbrühe zugeben und 4 Minuten garen, dann mit dem Babymais 2 Minuten weitergaren. Bohnensprossen hinzufügen und erneut 1 Minute garen.

3 Den Wok vom Herd nehmen und das Gericht nach Belieben mit gehackten Frühlingszwiebeln garnieren. Mit Jasminreis servieren.

Hühnchen mit Pak Choi

Zutaten

FÜR 4 PERSONEN

175 g Brokkoli
1 EL Erdnussöl
2,5-cm-Stück Ingwerwurzel, fein gerieben
1 frische rote Thai-Chili, entkernt und gehackt
2 Knoblauchzehen, zerdrückt
1 rote Zwiebel, in Spalten geschnitten
450 g Hähnchenbrustfilet, in feine Streifen geschnitten
175 g Pak Choi, in Streifen geschnitten
120 g Babymaiskolben, längs halbiert
1 EL helle Sojasauce
1 EL Thai-Fischsauce
1 EL frisch gehackter Koriander
1 EL geröstete Sesamsaat

Zubereitung

1 Den Brokkoli in kleine Röschen teilen und in einem Topf mit kochendem, leicht gesalzenem Wasser 3 Minuten blanchieren. Abtropfen und beiseitestellen.

2 Den Wok stark erhitzen, das Öl hineingießen und Ingwer, Chili und Knoblauch darin 1 Minute unter Rühren anbraten. Zwiebel und Fleischstreifen zugeben und weitere 3–4 Minuten pfannenrühren, bis sich die Fleischporen geschlossen haben.

3 Das restliche Gemüse in den Wok geben und 3–4 Minuten unter Rühren bissfest garen.

4 Sojasauce und Fischsauce zufügen und erneut 1–2 Minuten pfannenrühren. Mit Koriander und Sesam bestreuen und sofort servieren.

Hühnchen-Satay

Zutaten

FÜR 4 PERSONEN

2 EL Erdnuss- oder Pflanzenöl
1 EL Sesamöl
Saft von ½ Limette
2 Hähnchenbrustfilets, klein gewürfelt

Dip

2 EL Erdnuss- oder Pflanzenöl
1 kleine Zwiebel, fein gehackt
1 kleine, frische grüne Chili, entkernt und gehackt
1 Knoblauchzehe, fein gehackt
125 g grobe Erdnussbutter
6–8 EL EL Wasser
Saft von ½ Limette

Zubereitung

1 Die beiden Ölsorten mit dem Limettensaft in einer Schüssel verrühren. Fleischwürfel untermengen, mit Frischhaltefolie abdecken und für 1 Stunde in den Kühlschrank stellen.

2 Für den Dip das Öl in einer Pfanne erhitzen. Zwiebel, Chili und Knoblauch darin bei schwacher Hitze und unter gelegentlichem Rühren 5 Minuten dünsten. Erdnussbutter, Wasser und Limettensaft zugeben und unter ständigem Rühren köcheln, bis die Erdnussbutter weich genug für eine Sauce ist. Bei Bedarf etwas Wasser zugeben, um sie dünnflüssiger zu machen.

3 Die Fleischwürfel aus der Marinade nehmen, abtropfen lassen und auf 10 Holzspieße stecken. Auf der obersten Schiene im Ofen oder auf einem Holzkohlegrill 10 Minuten knusprig braun grillen, dabei häufig wenden. Heiß servieren und den warmen Dip dazu reichen.

Hühnchen süßsauer

Zutaten

FÜR 4–6 PERSONEN

2 EL helle Sojasauce
1 EL Shaoxing-Reiswein
½ TL Salz
1 Prise weißer Pfeffer
2 TL Sesamöl
500 g Hähnchenbrustfilet, in mundgerechte Stücke geschnitten
5 EL Erdnuss- oder Pflanzenöl
½ TL gehackter Knoblauch
½ TL frisch gehackter Ingwer
1 grüne Paprika, in grobe Stücke geschnitten
1 Zwiebel, grob gehackt
1 Karotte, in dünne Scheiben geschnitten
1 EL fein gehackte Frühlingszwiebel
frisch gekochter Reis, zum Servieren

Sauce

8 EL Reisessig
4 EL Zucker
2 TL helle Sojasauce
6 EL Ketchup

Zubereitung

1 Sojasauce, Reiswein, Salz und Pfeffer mit 1 Teelöffel Sesamöl in einer Schüssel verrühren. Das Hühnerfleisch zugeben und mindestens 20 Minuten marinieren.

2 Für die Sauce den Reisessig in einem Topf erhitzen. Zucker, Sojasauce und Ketchup zugeben und so lange rühren, bis sich der Zucker aufgelöst hat. Beiseitestellen.

3 Im vorgeheizten Wok 3 Esslöffel Erdnussöl erhitzen und das Fleisch darin unter Rühren goldbraun anbraten. Aus dem Wok nehmen und beiseitestellen.

4 Das restliche Öl im sauberen Wok erhitzen. Knoblauch und Ingwer darin schwenken, bis sie duften. Paprika, Zwiebel und Karotte zufügen und 2 Minuten unter Rühren braten. Das Fleisch wieder in den Wok geben und 1 Minute mitbraten. Sauce und 1 Teelöffel Sesamöl unterrühren. Frühlingszwiebel zufügen und sofort mit Reis servieren.

Hühnchencurry mit Zitronenreis

Zutaten

FÜR 4 PERSONEN

2 EL Pflanzenöl
800 g Hähnchenbrustfilet, in 2 cm große Stücke geschnitten
1½ TL Kreuzkümmelsamen
1 große Zwiebel, gehackt
2 frische grüne Chillies, entkernt und fein gehackt
2 große Knoblauchzehen, gerieben
1 EL frisch geriebener Ingwer
1 TL Kurkuma
1 TL gemahlener Koriander
1 TL Garam masala
300 ml Kokosmilch
250 g gehackte Tomaten aus der Dose
2 TL Zitronensaft
Salz
2 EL frisch gehackter Koriander, zum Garnieren

Zitronenreis

350 g Basmatireis, gewaschen
1,25 l Wasser
Saft und abgeriebene Schale von 1 Zitrone
3 Gewürznelken

Zubereitung

1 Das Öl in einem großen Topf erhitzen. Das Hühnerfleisch darin 5–8 Minuten unter häufigem Rühren braten, bis es leicht gebräunt und gar ist. Aus dem Topf nehmen und beiseitestellen. Die Kreuzkümmelsamen im Topf anbraten, bis sie duften. Die Zwiebel unterrühren, den Topf halb abdecken und die Zwiebel bei mittlerer Hitze unter häufigem Rühren weich und goldbraun dünsten. Chillies, Knoblauch, Ingwer, Kurkuma, gemahlenen Koriander und Garam masala zufügen und 1 Minute mitbraten.

2 Das Hühnerfleisch wieder in den Topf geben. Kokosmilch und Tomaten einrühren. Halb abdecken und bei mittlerer Hitze 15 Minuten einkochen lassen. Den Zitronensaft zufügen und mit Salz abschmecken.

3 Unterdessen den Reis in einen Topf füllen und mit Wasser bedecken. Zitronensaft und Nelken zufügen. Zum Kochen bringen, dann die Hitze reduzieren, abdecken und bei geringer Hitze 15 Minuten garen, bis die Flüssigkeit vollständig aufgesogen ist. Anschließend den Topf vom Herd nehmen und die Zitronenschale einrühren. Den Reis abgedeckt 5 Minuten ruhen lassen.

4 Das Curry mit frischem Koriander bestreuen und mit dem Zitronenreis servieren.

Hühnchen in Kokossauce

Zutaten

FÜR 4 PERSONEN

1 kleine Zwiebel, gehackt
1 frische grüne Chili, entkernt und gehackt
2,5-cm-Stück Ingwerwurzel, gehackt
2 TL gemahlener Koriander
1 TL gemahlener Kreuzkümmel
1 TL Fenchelsamen
1 TL gemahlener Sternanis
1 TL Kardamomsamen
½ TL gemahlene Kurkuma
½ TL schwarze Pfefferkörner
½ TL gemahlene Gewürznelken
625 ml Kokosmilch
4 Hähnchenbrustfilets
Pflanzenöl, zum Einfetten
frische Korianderzweige, zum Garnieren

Zum Servieren

frisch gekochter Reis mit Tomaten
Naan-Brot

Zubereitung

1 Zwiebel, Chili, Ingwer, Koriander, Kreuzkümmel, Fenchel, Sternanis, Kardamom, Kurkuma, Pfeffer, Nelken und 500 ml Kokosmilch in einen Mixer geben und zu einer Paste verarbeiten. Falls nötig, noch etwas mehr Kokosmilch hinzufügen.

2 Die Hähnchenbrustfilets mit einem scharfen Messer mehrere Male einschneiden und in eine große Schüssel legen. Die Hälfte der Kokos-Gewürz-Paste darübergeben und die Hähnchenbrustfilets mehrmals darin wenden. Mit Frischhaltefolie abgedeckt mindestens 1 Stunde (und bis zu 8 Stunden) im Kühlschrank marinieren.

3 Eine Grillpfanne erhitzen und leicht mit Öl ausstreichen. Die Filets 6–7 Minuten von jeder Seite braten, bis sie ganz durchgegart sind.

4 Die restliche Kokosmilch und Kokos-Gewürz-Paste in einen Topf geben und unter gelegentlichem Rühren zum Kochen bringen. Die Hähnchenbrustfilets auf eine vorgewärmte Servierplatte geben und mit Sauce übergießen. Mit Koriander garnieren. Tomatenreis und Naan-Brot zu dem heißen Gericht servieren.

Balti-Hühnchen

Zutaten

FÜR 6 PERSONEN

3 EL Ghee oder Pflanzenöl
2 große Zwiebeln, in Ringe geschnitten
3 Tomaten, in Scheiben geschnitten
½ TL Schwarzkümmelsamen
4 schwarze Pfefferkörner
2 Kardamomkapseln
1 Zimtstange
1 TL Chilipulver
1 TL Garam masala
1 TL Knoblauchpaste
1 TL Ingwerpaste
Salz
700 g Hähnchenbrustfilet, gewürfelt
2 EL Naturjoghurt
2 EL frisch gehackter Koriander, plus etwas mehr zum Garnieren
2 frische grüne Chillies, entkernt und fein gehackt
2 EL Limettensaft
Naan-Brot, zum Servieren

Zubereitung

1 Das Ghee in einer großen Pfanne erhitzen und darin die Zwiebeln bei schwacher Hitze und unter gelegentlichem Rühren andünsten, bis sie goldbraun sind. Tomaten, Schwarzkümmelsamen, Pfeffer, Kardamom, Zimt, Chilipulver, Garam masala, Knoblauch- und Ingwerpaste zugeben und salzen. Unter ständigem Rühren 5 Minuten braten.

2 Das Hühnerfleisch dazugeben und unter ständigem Rühren 5 Minuten anbraten, bis die Fleischwürfel mit der Gewürzpaste überzogen sind. Den Joghurt unterrühren. Bei geschlossenem Deckel unter gelegentlichem Rühren 10 Minuten garen.

3 Gehackten Koriander, Chillies und Limettensaft unterrühren. Den Pfanneninhalt in eine vorgewärmte Servierschale füllen. Mit Koriander garnieren, sofort servieren und Naan-Brot dazu reichen.

Hühnchen Bang Bang

Zutaten

FÜR 4 PERSONEN

350 g Hähnchenbrustfilet
einige Tropfen Sesamöl
2 EL Sesampaste
1 EL helle Sojasauce
1 EL Hühnerbrühe
½ TL Salz
1 Prise Zucker

Zum Servieren

8 EL in feine Streifen geschnittener grüner Salat
1 EL geröstete Sesamsaat

Zubereitung

1 Das Hühnchenfleisch in einem Topf mit kaltem Wasser zum Kochen bringen und 8–10 Minuten köcheln lassen. Abtropfen und etwas abkühlen lassen. In mundgerechte Stücke schneiden oder zerpflücken.

2 Sesamöl, Sesampaste, Sojasauce, Brühe, Salz und Zucker in einer Schüssel zu einer glatten, dicken Sauce verrühren. Das Fleisch gründlich damit vermengen.

3 Die Salatstreifen auf einer großen Servierplatte anrichten. Das Fleisch mit der Sauce darauf verteilen und mit Sesam bestreuen. Zimmerwarm servieren.

Hühnchen in Minzsauce

Zutaten

FÜR 6 PERSONEN

3 EL frisch gehackte Minze
4 EL flüssiger Honig
4 EL Limettensaft
Salz und Pfeffer
12 Hähnchenoberschenkel, entbeint
gemischter Salat, zum Servieren

Sauce

150 g fettarmer Naturjoghurt
1 EL frisch gehackte Minze
2 TL fein abgeriebene Limettenschale

Zubereitung

1 Einige Zahnstocher in Wasser einweichen. Minze, Honig und Limettensaft mit Salz und Pfeffer in einer großen Schüssel vermengen. Die Hähnchenschenkel mit den Zahnstochern so zusammenstecken, dass sie nicht auseinanderfallen.

2 Die Hähnchenschenkel in der Minzmarinade wenden, bis sie gut damit überzogen sind. Am besten eine Nacht, mindestens jedoch 30 Minuten abgedeckt im Kühlschrank marinieren.

3 Das Fleisch grillen, dabei regelmäßig wenden und mit der Marinade bestreichen. Es ist gar, wenn beim Einstechen in die dickste Stelle klarer Fleischsaft austritt.

4 In der Zwischenzeit für die Sauce Joghurt, Minze und Limettenschale in einer kleinen Schüssel verrühren. Die Zahnstocher aus dem gegrillten Fleisch entfernen und die Hühnchen mit der Sauce und einem Salat servieren.

Hähnchen-Burger im Speckmantel

Zutaten

FÜR 4 PERSONEN

450 g Hühnerfleisch, durch den Fleischwolf gedreht
1 Zwiebel, gerieben
2 Knoblauchzehen, zerdrückt
50 g Pinienkerne, geröstet
50 g frisch geriebener Gruyère
2 EL frisch gehackter Schnittlauch, plus etwas mehr zum Garnieren
Salz und Pfeffer
2 EL Vollkornmehl
8 Scheiben magerer Speck
1–2 EL Sonnenblumenöl
Mayonnaise, zum Garnieren

Zum Servieren

knusprige Brötchen
frische Salatblätter
rote Zwiebel, in Ringe geschnitten

Zubereitung

1 Das Hühnerhackfleisch mit Zwiebel, Knoblauch, Pinienkernen, Käse, Schnittlauch, Salz und Pfeffer in eine Küchenmaschine geben. Alles mit der Pulsfunktion in kurzen Schüben zerkleinern. Aus der Masse 4 gleich große Burger formen. Im Mehl wenden, abdecken und für 1 Stunde in den Kühlschrank stellen.

2 Jeden Burger mit 2 Speckscheiben umwickeln und mit einem Spießchen fixieren.

3 Eine schwere Pfanne erhitzen und das Öl zugeben. Die Burger bei mittlerer Hitze 5–6 Minuten auf jeder Seite braten, bis sie gar sind.

4 Mit Mayonnaise und Schnittlauchröllchen garnieren. Zu den warmen Burgern Brötchen, Salat und Zwiebelringe reichen.

Hühnchen-Fajitas

Zutaten

FÜR 4 PERSONEN

3 EL Olivenöl, plus etwas mehr zum Beträufeln
3 EL Ahornsirup oder Honig
1 EL Rotweinessig
2 Knoblauchzehen, zerdrückt
2 TL getrockneter Oregano
1–2 TL getrocknete rote Chiliflocken
Salz und Pfeffer
4 Hähnchenbrustfilets
2 rote Paprika, in 2 cm breite Streifen geschnitten

Zum Servieren

frische Salatblätter
8 warme Weizenmehl-Tortillas

Zubereitung

1 Öl, Ahornsirup, Essig, Knoblauch, Oregano, Chiliflocken, Salz und Pfeffer in eine große, flache Schüssel geben und gut verrühren.

2 Die Hähnchenbrustfilets quer zur Faser in 2 cm breite Streifen schneiden. Mehrmals in der Marinade wenden und für 2–3 Stunden im Kühlschrank ziehen lassen, dabei gelegentlich wenden.

3 Eine Grillpfanne stark erhitzen. Die Hühnchenstreifen mit einem Schaumlöffel aus der Marinade heben und bei mittlerer bis starker Hitze 3–4 Minuten von jeder Seite anbraten, bis sie ganz durchgegart sind. Aus der Pfanne nehmen und auf einer Servierplatte warm halten.

4 Die Paprikastreifen zuerst mit der Haut nach unten in die Pfanne geben und von jeder Seite 2 Minuten anbraten. Zum Fleisch geben.

5 Hühnchenstreifen und Paprika mit Salat in den Tortillas aufrollen und sofort servieren.

Hühnchen-Tacos aus Puebla

Zutaten

FÜR 4 PERSONEN

8 Maismehl-Tortillas
2 EL Pflanzenöl
225–350 g Hühnerfleisch, gekocht und gewürfelt oder in feine Streifen gezupft
Salz und Pfeffer
½ TL gemahlener Kreuzkümmel
½ TL getrockneter Oregano
225 g Bohnenmus aus der Dose, aufgewärmt und mit 2 EL Wasser verdünnt
1 Avocado, gewürfelt und mit Limettensaft beträufelt
Salsa, zum Abschmecken
1 in Adobo-Marinade eingelegte Chipotle-Chili, gehackt, oder einige Spritzer Chipotle-Salsa
175 g saure Sahne
½ Zwiebel, gehackt
1 Handvoll frische Salatblätter
5 Radieschen, gewürfelt

Zubereitung

1 Die Tortillas nacheinander in einer ungefetteten beschichteten Pfanne erwärmen. Dann zum Warmhalten in Alufolie oder in ein sauberes Geschirrtuch wickeln.

2 Das Öl in einer Pfanne erhitzen, das Hühnerfleisch zugeben, mit Salz und Pfeffer würzen und von allen Seiten goldbraun anbraten.

3 Kreuzkümmel und Oregano mit dem warmen Bohnenmus vermengen.

4 Die Tortillas mit dem Bohnenmus bestreichen. Jede Tortilla mit etwas Hühnerfleisch, ein paar Avocadowürfeln, etwas Salsa, einigen gehackten Chipotle-Stückchen oder ein paar Spritzern Chipotle-Salsa, etwas saurer Sahne, Zwiebel, Salat und Radieschen belegen. Anschließend fest zusammenrollen und warm servieren.

Hühnchen-Tostadas mit Chipotle-Chillies

Zutaten

FÜR 4–6 PERSONEN

8 Maismehl-Tortillas
Pflanzenöl, zum Braten
500 g Hähnchenbrustfilet, in kleine Stücke geschnitten
250 ml Hühnerbrühe
2 Knoblauchzehen, zerdrückt
400 g Bohnenmus aus der Dose
1 Prise gemahlener Kreuzkümmel
250 g frisch geriebener Käse
1 EL frisch gehackter Koriander
2 reife Tomaten, gehackt
1 Handvoll knackige Salatblätter, z. B. Romana oder Eisberg, in Streifen geschnitten
4–6 Radieschen, gewürfelt
3 Frühlingszwiebeln, in feine Ringe geschnitten
1 reife Avocado, gewürfelt oder in Scheiben geschnitten und mit Limettensaft beträufelt
saure Sahne, zum Abschmecken
1–2 in Adobo-Marinade eingelegte Chipotle-Chillies, in dünne Streifen geschnitten

Zubereitung

1 Für die Tostadas die Tortillas mit Öl in einer beschichteten Pfanne knusprig braten. Beiseitestellen und warm halten.

2 Das Hühnerfleisch mit der Brühe und dem Knoblauch in einen Topf geben. Aufkochen lassen, die Hitze reduzieren und das Fleisch 1–2 Minuten garen, bis es weiß wird. Den Topf vom Herd nehmen und das Fleisch in der heißen Flüssigkeit durchgaren lassen.

3 In einem zweiten Topf das Bohnenmus erhitzen und mit 2 Esslöffeln Wasser verrühren, bis eine glatte Paste entsteht. Dann mit Kreuzkümmel würzen.

4 Das warme Bohnenmus und den Käse auf den warmen Tortillas verteilen. Das Hühnerfleisch aus der Brühe heben und ebenfalls auf die Tortillas geben. Koriander, Tomaten, Salat, Radieschen, Frühlingszwiebeln, Avocado, saure Sahne und ein paar Chilistreifen auf das Fleisch schichten und die Tostadas sofort servieren.

Hühnchen-Wraps

Zutaten

FÜR 4 PERSONEN

150 g fettarmer Naturjoghurt
1 EL körniger Senf
Pfeffer
280 g gekochtes Hähnchenbrustfilet, gewürfelt
40 g Eisbergsalat, in feine Streifen geschnitten
90 g Salatgurke, in dünne Scheiben geschnitten
2 Selleriestangen, in feine Scheiben geschnitten
90 g blaue kernlose Trauben, halbiert
8 weiche Weizenmehl-Tortillas (à 20 cm Ø) oder 4 weiche Weizenmehl-Tortillas (à 25 cm Ø)

Zubereitung

1 Joghurt und Senf in einer Schüssel verrühren und mit Pfeffer abschmecken. Das Hühnerfleisch zugeben und alles gut vermengen.

2 Eisbergsalat, Gurke, Sellerie und Trauben in einer Schüssel vermischen.

3 Eine Tortilla zur Hälfte falten, dann noch einmal, sodass eine kegelförmige Tasche entsteht. Die Tasche zur Hälfte mit der Salatmischung füllen, dann mit der Fleischmischung auffüllen. Ebenso mit den restlichen Tortillas verfahren. Sofort servieren.

Pastete mit Hühnchen

Zutaten

FÜR 6–8 PERSONEN

1 Suppenhuhn (1,5 kg)
1 kleine Zwiebel, halbiert, und 3 große Zwiebeln, fein gehackt
1 Karotte, in dicke Scheiben geschnitten
1 Selleriestange, in dicke Scheiben geschnitten
1 Lorbeerblatt
abgeriebene Schale von 1 Zitrone
10 Pfefferkörner
150 g Butter
50 g Mehl
150 ml Milch
Salz und Pfeffer
25 g frisch geriebener Kefalotíri oder Pecorino
3 Eier, verquirlt
225 g Filo-Teig (während der Verarbeitung die übrigen Teigblätter mit einem feuchten Tuch bedecken)

Zubereitung

1 Das Huhn mit den Zwiebelhälften, Karotte, Sellerie, Lorbeer, Zitronenschale und Pfeffer in einen Topf geben. Wasser zugießen und 1 Stunde abgedeckt köcheln. Das Huhn aus dem Topf nehmen und abkühlen lassen.

2 Die Brühe auf 600 ml einkochen lassen. Das Fleisch auslösen und zerteilen.

3 50 g Butter in einem Topf zerlassen, die gehackten Zwiebeln glasig dünsten. Mehl zufügen und anschwitzen. Vom Herd nehmen. Die Brühe und Milch einrühren. Unter Rühren aufkochen, bis eine glatte Sauce entsteht. Den Topf vom Herd nehmen, das Fleisch zugeben, mit Salz und Pfeffer abschmecken. Abkühlen lassen. Käse und Eier zufügen und vermischen.

4 Restliche Butter zerlassen und ein tiefes Backblech (30 cm x 20 cm) einfetten. Den Backofen auf 190 °C vorheizen. Teigblätter der Breite nach durchschneiden. Ein Teigblatt in die Form legen und mit Butter einpinseln. Ein weiteres darüberlegen und einpinseln. Mit der Hälfte der Teigblätter so verfahren. Die Füllung auf dem Teig verteilen. Die restlichen Teigblätter auch jeweils mit Butter einpinseln und die Füllung damit bedecken. Die Teigränder festdrücken.

5 Die Pastete 50 Minuten im Ofen goldbraun backen. Kurz abkühlen lassen und servieren.

Hühnchen-Chilaquiles

Zutaten

FÜR 4–6 PERSONEN

12 Tortillas, in Streifen geschnitten
1 EL Pflanzenöl
1 Poularde, gekocht, entbeint und in mundgerechte Stücke geschnitten
Salsa verde
3 EL frisch gehackter Koriander
1 TL frisch gehackter Oregano oder Thymian
4 Knoblauchzehen, zerdrückt
½ TL gemahlener Kreuzkümmel
350 g frisch geriebener Käse, z. B. Manchego oder Mozzarella
500 ml Hühnerbrühe
125 g frisch geriebener Parmesan

Zum Servieren

375 g saure Sahne
3–5 Frühlingszwiebeln, in feine Ringe geschnitten
eingelegte Chillies

Zubereitung

1 Den Backofen auf 190 °C vorheizen. Die Tortillastreifen auf ein Backblech legen, mit dem Öl beträufeln und im Ofen 30 Minuten backen, bis sie goldbraun und knusprig sind.

2 Hühnerfleisch, Salsa, Koriander, Oregano, Knoblauch und Kreuzkümmel mit dem geriebenen Käse mischen und abwechselnd mit den Tortillastreifen in eine Auflaufform (23 cm x 33 cm) schichten; dabei mit einer Schicht Tortillastreifen abschließen.

3 Das so vorbereitete Gericht mit der Hühnerbrühe übergießen und mit dem geriebenen Parmesan bestreuen.

4 Die Chilaquiles im Ofen 30 Minuten backen, bis der Käse geschmolzen und stellenweise goldbraun ist.

5 Mit saurer Sahne, Frühlingszwiebeln und eingelegten Chillies servieren.

Gebratenes Korianderhühnchen

Zutaten

FÜR 4 PERSONEN

1 EL Sonnenblumen- oder Maiskeimöl
4 Hähnchenbrustfilets (à 120 g)
1 TL Speisestärke
1 EL Wasser
90 g fettarmer Naturjoghurt
2 EL fettarme Sahne
175 ml Hühnerbrühe
2 EL Limettensaft
2 Knoblauchzehen, fein gehackt
1 Schalotte, fein gehackt
1 Tomate, gehäutet, entkernt und gehackt
Salz und Pfeffer
1 Bund frischer Koriander, grob gehackt, plus einige Zweige zum Garnieren

Zubereitung

1 Das Öl in einer Pfanne erhitzen und das Fleisch darin bei mittlerer Hitze 5 Minuten von jeder Seite braten, bis beim Einstechen mit einer Gabel klarer Fleischsaft austritt. Aus der Pfanne nehmen und warm stellen.

2 Stärke und Wasser verquirlen und mit Joghurt und Sahne verrühren. Brühe und Limettensaft mit Knoblauch und Schalotte in die Pfanne geben. Die Hitze reduzieren und alles 1 Minute köcheln lassen. Dann die Tomate in die Joghurtmischung rühren, Tomaten-Joghurt-Mischung mit in die Pfanne geben und mit Salz und Pfeffer abschmecken. Unter ständigem Rühren 1–2 Minuten köcheln lassen, bis die Sauce leicht andickt, dabei aber nicht aufkochen. Dann den gehackten Koriander einrühren.

3 Die Hähnchenbrustfilets auf einer großen Servierplatte anrichten, die Sauce darübergeben, mit Korianderzweigen garnieren und sofort servieren.

Hühnchensouvlaki mit Joghurtsauce

Zutaten

FÜR 4 PERSONEN

300 g griechischer Joghurt
2 Knoblauchzehen, zerdrückt
Saft von ½ Zitrone
1 EL frisch gehackte Kräuter, z. B. Oregano, Dill, Estragon oder Petersilie
Salz und Pfeffer
4 große Hähnchenbrustfilets
Pflanzenöl, zum Einfetten
8 feste Stängel von frischem Rosmarin (nach Belieben)
Zitronenspalten, zum Garnieren

Zum Servieren

Romana-Salat, in Streifen geschnitten
frisch gekochter Reis

Zubereitung

1 Für die Sauce Joghurt, Knoblauch, Zitronensaft und Kräuter in einer großen Schüssel mischen und mit Salz und Pfeffer abschmecken.

2 Die Hähnchenbrustfilets in 4 cm große Würfel schneiden, in die Joghurtsauce geben und unterheben, bis die Fleischstücke bedeckt sind. Abdecken und 1 Stunde im Kühlschrank marinieren. Wenn Sie Holzspieße verwenden wollen, diese vorher 30 Minuten in kaltem Wasser einweichen.

3 Den Backofengrill vorheizen. Die Hühnchenstücke auf 8 geölte Metallspieße stecken (nach Belieben auch auf Holzspieße oder Rosmarinstängel) und in eine gefettete Grillpfanne legen.

4 Die Spieße im Ofen 15 Minuten bei starker Hitze grillen, bis das Fleisch gebräunt und gar ist, dabei mehrmals wenden und mit der Marinade einpinseln.

5 Die verbliebene Joghurtsauce in einem Topf langsam erwärmen, aber nicht kochen. Die Spieße auf Salat und einem Reisbett anrichten und mit Zitronenspalten garnieren; dazu die warme Joghurtsauce reichen.

Hühnchenspieße auf Currygemüse

Zutaten

FÜR 4 PERSONEN

3 Hähnchenbrustfilets, gewürfelt
Saft von 1 Limette
2,5-cm-Stück Ingwerwurzel, gehackt
1 frische rote Chili, entkernt und in feine Ringe geschnitten
2 EL Erdnuss- oder Pflanzenöl
1 Zwiebel, in Ringe geschnitten
2 Knoblauchzehen, gehackt
1 Aubergine, gewürfelt
2 Zucchini, in Scheiben geschnitten
1 rote Paprika, gewürfelt
2 EL rote Currypaste
2 EL Sojasauce
1 TL Palmzucker oder brauner Zucker
frisch gekochter Reis mit gehacktem Koriander, zum Servieren

Zubereitung

1 Die Hühnerfleischwürfel in eine flache Schüssel geben. Limettensaft, Ingwer und Chili vermengen, über das Fleisch verteilen und gut unterheben. Abdecken und mindestens 3 Stunden im Kühlschrank marinieren.

2 Den Backofengrill vorheizen. Die Hühnerfleischwürfel auf in Wasser eingeweichte Holzspieße stecken. Im Backofen auf der obersten Schiene bei starker Hitze 3–4 Minuten gar grillen, dabei häufig wenden.

3 Das Öl in einem Wok erhitzen. Zwiebel und Knoblauch darin 1–2 Minuten weich dünsten, aber nicht bräunen. Aubergine, Zucchini und Paprika zugeben und 3–4 Minuten bissfest garen. Currypaste, Sojasauce und Zucker untermengen und 1 Minute miterhitzen.

4 Heiß servieren; dazu den gekochten Reis mit Koriander reichen.

Huhn nach thailändischer Art

Zutaten

FÜR 4 PERSONEN

1 rote und 1 grüne Chili, entkernt und fein gehackt
2 Knoblauchzehen, gehackt
50 g frisch gehackter Koriander
1 EL fein gehacktes Zitronengras
½ TL gemahlene Kurkuma
½ TL Garam masala
2 TL brauner Zucker
2 EL Fischsauce
1 EL Limettensaft
Salz und Pfeffer
4 Hähnchenbrustfilets, in kleine Stücke geschnitten
frisch gekochter Jasminreis, zum Servieren
frisch gehackter Koriander, zum Garnieren

Zubereitung

1 Chillies, Knoblauch, Koriander und Zitronengras in einer Küchenmaschine oder mit dem Pürierstab grob zerkleinern. Kurkuma, Garam masala, Zucker, Fischsauce und Limettensaft zugeben und mit Salz und Pfeffer abschmecken. Die Zutaten glatt pürieren.

2 Die Hühnchenstücke in eine Schüssel geben und knapp mit der pürierten Marinade bedecken, sodass noch etwas Marinade übrig bleibt. Mit Frischhaltefolie abgedeckt mindestens 2½ Stunden im Kühlschrank ziehen lassen. Die restliche Marinade auch mit Frischhaltefolie abdecken und im Kühlschrank aufbewahren.

3 Die Hühnchenstücke 20 Minuten im vorgeheizten Backofengrill unter häufigem Wenden grillen, bis sie zart und gar sind, dabei regelmäßig mit der restlichen Marinade bestreichen. Auf einem Reisbett anrichten, mit Koriander garnieren und heiß servieren.

Herzhafte Gerichte

Auch wenn Hühnchen ein leicht verdauliches Fleisch ist, können Gerichte mit Huhn herzhaft und rustikal sein, wie das *Brathähnchen nach englischer Art* oder das *Geröstete Huhn mit Pesto rosso* beweisen.

In diesem Kapitel finden Sie Rezepte aus der ganzen Welt, darunter die französischen Klassiker *Coq au Vin* und *Poule provençale* – beide natürlich in gutem französischem Wein geschmort. Aus Italien stammt das *Huhn nach toskanischer Art,* während *Hähnchenbrustfilets mit Ziegenkäse & Basilikum* und *Hühnchen in Walnusssauce* aus Griechenland kommen.

Für jedes Fleisch gibt es ein ideales Kraut zum Würzen: Bei Hühnchen ist es Estragon. Das *Estragonhühnchen* wird begleitet von einer köstlich cremigen, mit Wein und Knoblauch verfeinerten Sauce. Für alle, die es etwas schärfer mögen, bietet sich das *Scharfe indische Chilihuhn* oder das *Feurige Hühnchen-Vindaloo* an.

Wenn Sie auf herzschonende Kost achten, versuchen Sie das *Zitronenhuhn* oder das *Hühnerfrikassee.* Das *Geröstete Stubenküken mit Linsen* und das *Spanische Hühnchen mit eingelegten Zitronen* sind besonders für Diabetiker geeignet.

Brathähnchen nach englischer Art

Zutaten

FÜR 4 PERSONEN

25 g weiche Butter
1 Knoblauchzehe, fein gehackt
3 EL fein gehackte geröstete Walnüsse
1 EL frisch gehackte Petersilie
Salz und Pfeffer
1 küchenfertige Poularde (1,8 kg)
1 Limette, geviertelt
2 EL Pflanzenöl
1 EL Speisestärke
2 EL Wasser

Zum Garnieren

Limettenspalten
frische Rosmarinzweige

Zum Servieren

Ofenkartoffeln
verschiedene gekochte Gemüsesorten

Zubereitung

1 Den Backofen auf 190 °C vorheizen. Die Hälfte der Butter mit Knoblauch, Walnüssen und Petersilie in einer kleinen Schüssel vermischen. Mit Salz und Pfeffer abschmecken. Die Haut vorsichtig etwas vom Fleisch lösen, ohne sie zu verletzen. Die Buttermischung gleichmäßig zwischen Haut und Fleisch verteilen. Die Limettenviertel ins Geflügelinnere stecken.

2 Das Öl in einen Bräter gießen. Das Huhn hineingeben und die restliche Butter in Flöckchen auf dem Fleisch verteilen. Das Brathähnchen 1¾ Stunden im Ofen schmoren und gelegentlich mit Öl übergießen, bis das Fleisch gar ist und beim Einstechen an der dicksten Stelle klarer Saft austritt. Aus dem Bräter nehmen und 10 Minuten ruhen lassen.

3 Die Speisestärke mit dem Wasser verrühren, dann zum Bratensaft in den Bräter geben. Auf den Herd stellen und bei geringer Hitze verrühren, bis die Sauce eindickt. Wenn nötig, mehr Wasser zufügen. Das Huhn mit Limettenspalten und Rosmarinzweigen garnieren. Mit Ofenkartoffeln und einer Auswahl gekochter Gemüsesorten servieren und die Sauce darübergießen.

Geröstetes Huhn mit Pesto rosso

Zutaten

FÜR 4 PERSONEN

4 Hähnchenbrustfilets (à 200 g)
1 EL natives Olivenöl extra
Salz und Pfeffer
2 EL geröstete Pinienkerne, zum Garnieren

Pesto rosso

125 g getrocknete Tomaten in Öl
2 Knoblauchzehen, zerdrückt
4 EL geröstete Pinienkerne
150 ml natives Olivenöl extra

Zubereitung

1 Den Backofen auf 200 °C vorheizen. Für den Pesto Tomaten, Knoblauch, Pinienkerne und Öl in der Küchenmaschine zu einer groben Paste verarbeiten.

2 Das Hühnerfleisch in eine große Auflaufform oder einen Bräter legen. Jedes Filet mit dem Öl einpinseln, salzen und pfeffern dann 1 Teelöffel Pesto daraufgeben und mit dem Löffelrücken gut verteilen. Das restliche Pesto kann man in einem luftdicht verschließbaren Behälter bis zu 1 Woche im Kühlschrank aufbewahren.

3 Das Hühnerfleisch im Ofen 30 Minuten garen, bis beim Einstechen an der dicksten Stelle klarer Saft austritt.

4 Mit den Pinienkernen bestreuen und servieren.

Zitronenhuhn

Zutaten

FÜR 4 PERSONEN

2 Portionen Hähnchenbrust mit Knochen, aber ohne Haut (à 280 g)
abgeriebene Schale und Saft von 1 Limette
1 EL Honig
1 EL natives Olivenöl extra
1 EL frisch gehackter Thymian
1 Knoblauchzehe, gehackt (nach Belieben)
Pfeffer

Zum Servieren

frisch gekochte Frühkartoffeln
bissfest gegartes Saisongemüse

Zubereitung

1 Den Backofen auf 190 °C vorheizen. Die Hähnchenbrust in 4 Portionen teilen und in einen flachen Bräter legen.

2 Limettenschale und -saft, Honig, Öl, Thymian und eventuell Knoblauch in einer kleinen Schüssel gut vermengen. Die Mischung gleichmäßig auf die Hühnchenstücke verteilen. Mit Pfeffer abschmecken.

3 Die Filets im Ofen 35–40 Minuten schmoren, dabei alle 10 Minuten mit Bratensaft übergießen. Das Fleisch ist gar, wenn beim Einstechen mit einem Spieß in die dickste Stelle klarer Saft austritt. Wenn der Saft noch rosa ist, weitere 5 Minuten schmoren und erneut testen. Während des Schmorens kocht der Bratensaft dick ein.

4 Das Zitronenhuhn mit Kartoffeln und Saisongemüse servieren.

Geröstetes Stubenküken mit Linsen

Zutaten

FÜR 4 PERSONEN

4 Stubenküken (à 400 g)
2 EL Ahornsirup
1 TL Zimt
1 EL Pflanzenöl
100 ml salzreduzierte Hühnerbrühe
2 rote Zwiebeln, in Ringe geschnitten
1 TL Kreuzkümmelsamen
1 TL Koriandersamen
1 EL natives Olivenöl extra
2 Knoblauchzehen, zerdrückt
800 g Linsen aus der Dose, abgespült und abgetropft
1 EL Butter
2 EL frisch gehackte Petersilie
Pfeffer
gedämpfter Brokkoli oder gedämpfte grüne Bohnen, zum Servieren

Zubereitung

1 Den Backofen auf 190 °C vorheizen. Die Stubenküken in einen Bräter setzen. Ahornsirup, Zimt und Öl mischen und mit einem Pinsel auf die Brustpartie der Küken auftragen. Die Brühe in den Bräter gießen und die Zwiebelringe rings um das Geflügel verteilen. Die Küken im Ofen 35 Minuten schmoren.

2 Unterdessen Kreuzkümmel- und Koriandersamen in einer beschichteten Pfanne unter Rühren rösten, bis sie duften. Dann in einem Mörser fein zerstoßen.

3 Das Öl in einer Pfanne erhitzen und die Gewürze mit dem Knoblauch darin unter ständigem Rühren 1–2 Minuten anschwitzen. Die Linsen zugeben und 10–15 Minuten unter gelegentlichem Rühren dünsten.

4 Das Geflügel, wenn es gar ist, aus dem Bräter nehmen und warm halten. Den Bräter auf den Herd stellen und den Bratensaft mit der Butter und 1 Esslöffel Petersilie zum Köcheln bringen. Mit Pfeffer abschmecken.

5 Die Linsen auf 4 vorgewärmte Teller verteilen, jeweils ein Stubenküken dazulegen, mit Sauce übergießen und mit der restlichen Petersilie bestreuen. Brokkoli oder grüne Bohnen dazu reichen.

Hühnchen mit Safranpüree

Zutaten

FÜR 4 PERSONEN

550 g mehlig kochende Kartoffeln, in Stücke geschnitten
1 Knoblauchzehe
1 TL zerstoßene Safranfäden
1,2 l Hühner- oder Gemüsebrühe
4 Hähnchenbrustfilets
1 EL Zitronensaft
2 EL Olivenöl
1 EL frisch gehackter Thymian
1 EL frisch gehackter Koriander
1 EL zerstoßene Koriandersamen
100 ml heiße fettarme Milch
Salz und Pfeffer
frische Thymianzweige, zum Garnieren

Zubereitung

1 Kartoffeln, Knoblauch und Safran mit der Brühe in einem großen Topf zum Kochen bringen. Abdecken und alles 20 Minuten köcheln lassen, bis die Kartoffeln gar sind.

2 Unterdessen die Hähnchenbrustfilets rundum mit Zitronensaft und der Hälfte des Olivenöls bestreichen, dann mit Thymian, Koriander und Koriandersamen bestreuen. Eine Grillpfanne erhitzen und das Fleisch darin bei mittlerer bis starker Hitze 5 Minuten von jeder Seite braten, bis beim Einstechen mit einer Gabel klarer Saft austritt. Alternativ die Filets unter dem Backofengrill 5 Minuten von jeder Seite goldbraun grillen.

3 Die Kartoffeln abgießen und wieder in den Topf geben. Das restliche Olivenöl und die Milch zugeben, alles glatt pürieren und mit Salz und Pfeffer abschmecken. Anschließend das Püree auf vorgewärmte Teller verteilen, die Hähnchenbrustfilets darauf anrichten und mit Thymianzweigen garniert servieren.

Estragonhühnchen

Zutaten

FÜR 4 PERSONEN

4 Hähnchenbrustfilets (à 175 g)
Salz und Pfeffer
125 ml trockener Weißwein
250–300 ml Hühnerbrühe
1 Knoblauchzehe, fein gehackt
1 EL getrockneter Estragon
175 g Crème double
1 EL frisch gehackter Estragon
frische Estragonzweige, zum Garnieren

Zubereitung

1 Das Fleisch mit Salz und Pfeffer würzen und die einzelnen Stücke nebeneinander in eine große Pfanne legen. Den Wein und so viel Brühe zugießen, bis das Fleisch knapp bedeckt ist. Dann Knoblauch und Estragon zufügen. Alles aufkochen, die Hitze reduzieren und das Fleisch 10 Minuten sanft köcheln lassen, bis es gar ist.

2 Das Fleisch mit einem Schaumlöffel aus der Pfanne nehmen, abdecken und warm stellen. Den Kochsud in eine saubere Pfanne abseihen und eventuell verbliebenes Fett abschöpfen. Den Sud aufkochen, bis er um zwei Drittel reduziert ist.

3 Crème double einrühren, den Sud erneut aufkochen und diesmal auf die Hälfte reduzieren. Dann den Estragon einrühren. Das Fleisch in Scheiben schneiden, auf vorgewärmte Teller geben und die Sauce darübergießen. Mit Estragonzweigen garnieren und sofort servieren.

Huhn nach toskanischer Art

Zutaten

FÜR 4 PERSONEN

2 EL Mehl
Salz und Pfeffer
4 Hühnerteile ohne Haut
3 EL Olivenöl
1 rote Zwiebel, gehackt
2 Knoblauchzehen, fein gehackt
1 rote Paprika, gewürfelt
1 Msp. Safranfäden
150 ml Hühnerbrühe oder eine Mischung aus Hühnerbrühe und trockenem Weißwein
400 g gehackte Tomaten aus der Dose
4 getrocknete Tomaten in Öl, gehackt
225 g braune Champignons, in Scheiben geschnitten
120 g schwarze Oliven, entsteint
4 EL Zitronensaft
frische Basilikumblätter, zum Garnieren

Zum Servieren

knuspriges Brot
frisch gekochte Bandnudeln, z. B. Tagliatelle, Fettuccine oder Tagliarini

Zubereitung

1 Das Mehl auf einen Teller geben und mit Salz und Pfeffer würzen. Die Hühnerteile gründlich im Mehl wenden; überschüssiges Mehl abschütteln. Das Öl in einer großen Kasserolle erhitzen. Das Fleisch zugeben und bei mittlerer Hitze goldbraun braten, dabei häufig wenden. Aus der Kasserolle nehmen und beiseitestellen.

2 Zwiebel, Knoblauch und Paprika in den Topf geben, die Hitze reduzieren und unter gelegentlichem Rühren 5 Minuten weich dünsten. Unterdessen den Safran in die Brühe rühren.

3 Den Backofen auf 180 °C vorheizen. Gehackte Tomaten mit Saft aus der Dose, getrocknete Tomaten, Pilze und Oliven mit in die Kasserolle geben und unter gelegentlichem Rühren 3 Minuten kochen. Brühe und Zitronensaft zugießen. Aufkochen, dann das Fleisch wieder zugeben.

4 Die Kasserolle abdecken und für 1 Stunde in den Ofen schieben. Mit Basilikum garnieren und sofort servieren; Brot und Pasta dazu reichen.

Hähnchenbrustfilets mit Ziegenkäse & Basilikum

Zutaten

FÜR 4 PERSONEN

4 Hähnchenbrustfilets

100 g weicher Ziegenkäse

1 kleines Bund frisches Basilikum

Salz und Pfeffer

2 EL Olivenöl

Zubereitung

1 Mit einem scharfen Messer vorsichtig seitlich Taschen in die Hähnchenbrustfilets schneiden. Den Käse in gleich großen Portionen in die Taschen füllen und jeweils 3–4 Basilikumblätter hineinstecken. Die Öffnungen zudrücken und die Filets mit Salz und Pfeffer würzen.

2 Das Öl in einer Pfanne erhitzen, die Hähnchenbrustfilets zugeben und 15–20 Minuten unter mehrmaligem Wenden braten, bis sie goldbraun sind.

3 Mit Basilikumzweigen garnieren und heiß servieren.

Hühnchen in Walnusssauce

Zutaten

FÜR 4 PERSONEN

4–8 Hühnerteile ohne Haut
½ Zitrone, in Spalten geschnitten
3 EL Olivenöl
150 ml trockener Weißwein
300 ml Hühnerbrühe
1 Lorbeerblatt
Salz und Pfeffer
100 g Walnüsse
2 Knoblauchzehen
150 g griechischer Joghurt
frisch gehackte glatte Petersilie, zum Garnieren

Zum Servieren

frisch gekochter Reis
Pita-Brot

Zubereitung

1 Die Hühnerteile mit der Zitrone einreiben. Das Öl in einer großen Pfanne erhitzen, die Hühnerteile zugeben und von allen Seiten anbraten.

2 Den Wein in die Pfanne gießen und aufkochen. Brühe und Lorbeer zugeben, mit Salz und Pfeffer abschmecken und etwa 20 Minuten unter mehrmaligem Rühren köcheln lassen, bis das Hühnerfleisch gar ist.

3 Walnüsse und Knoblauch in eine Küchenmaschine geben und pürieren.

4 Die gekochten Hühnerteile auf eine vorgewärmte Servierplatte geben und warm halten. Die Walnussmischung und den Joghurt mit dem Bratensaft in der Pfanne vermischen und 5 Minuten sanft erhitzen, bis die Sauce eingedickt ist. Nicht kochen, sonst gerinnt der Joghurt. Mit Salz und Pfeffer abschmecken. Die Walnusssauce über die Hühnerteile geben, mit Petersilie garnieren und heiß servieren. Reis und Pita-Brot dazu reichen.

Hühnchen Kiew

Zutaten

FÜR 4 PERSONEN

4 EL weiche Butter
1 Knoblauchzehe, fein gehackt
1 EL frisch gehackte Petersilie
1 EL frisch gehackter Oregano
Salz und Pfeffer
4 Hähnchenbrustfilets
90 g frische Semmelbrösel
3 EL frisch geriebener Parmesan
1 Ei, verquirlt
250 ml Pflanzenöl, zum Frittieren

Zum Servieren

frisch gedämpfte Frühkartoffeln
verschiedene gedämpfte Gemüsesorten

Zum Garnieren

Zitronenscheiben
frische glatte Petersilie

Zubereitung

1 Butter und Knoblauch in einer Schale sorgfältig vermischen. Die Kräuter unterrühren und großzügig salzen und pfeffern. Die Hähnchenbrustfilets flach klopfen, damit sie möglichst gleichmäßig dick sind. Je 1 Esslöffel Kräuterbutter in die Mitte geben. Die Seiten der Filets darüberschlagen und mit einem Zahnstocher feststecken.

2 Semmelbrösel und Parmesan auf einem flachen Teller mischen. Die Filets in die Eimasse tauchen, dann in der Semmelbröselmischung wenden. Abgedeckt für 30 Minuten in den Kühlschrank stellen. Den Paniervorgang dann noch einmal wiederholen.

3 So viel Öl in eine Fritteuse oder eine tiefe Pfanne füllen, dass es das Fleisch bedecken kann, und auf 180–190 °C erhitzen (ein Brotwürfel sollte darin in 30 Sekunden knusprig braun werden). Die Hähnchenschnitzel 5 Minuten frittieren, bis sie durchgegart sind. Aus dem heißen Fett nehmen und auf Küchenpapier abtropfen.

4 Die Schnitzel mit Kartoffeln und Gemüse auf 4 Tellern anrichten. Mit Zitronenscheiben und Petersilie garnieren.

Hühnerfrikassee

Zutaten

FÜR 4 PERSONEN

1 EL Mehl
Salz und weißer Pfeffer
4 Hähnchenbrustfilets (à 140 g), in 2 cm große Würfel geschnitten
1 EL Sonnenblumen- oder Maiskeimöl
8 Perlzwiebeln
2 Knoblauchzehen, zerdrückt
250 ml Hühnerbrühe
2 Karotten, gewürfelt
2 Selleriestangen, gewürfelt
225 g Erbsen, Tiefkühlware aufgetaut
1 gelbe Paprika, gewürfelt
120 g weiße Champignons, in Scheiben geschnitten
125 g fettarmer Naturjoghurt
3 EL frisch gehackte Petersilie

Zubereitung

1 Das Mehl auf einen Teller streuen und mit Salz und Pfeffer würzen. Dann das Fleisch darin wenden. Das Öl in einem Topf erhitzen und Zwiebeln und Knoblauch darin unter gelegentlichem Rühren 5 Minuten bei geringer Hitze dünsten. Das Fleisch hineingeben und unter Rühren 10 Minuten anbraten, bis es leicht gebräunt ist.

2 Nach und nach die Brühe einrühren, dann Karotten, Sellerie und Erbsen zugeben. Aufkochen, die Hitze reduzieren und alles 5 Minuten abgedeckt köcheln lassen. Dann Paprika und Champignons zugeben, abdecken und weitere 10 Minuten köcheln lassen.

3 Joghurt und Petersilie einrühren und das Frikassee mit Salz und Pfeffer abschmecken. Erneut 1–2 Minuten erhitzen, dann auf vorgewärmte Teller verteilen und servieren.

Poule provençale

Zutaten

FÜR 4 PERSONEN

1,8 kg Hühnerteile
Salz und Pfeffer
1 Knoblauchzehe, halbiert
3 EL Olivenöl
1 Zwiebel, fein gehackt
225 g Champignons, halbiert
1 EL Mehl
125 ml Hühnerbrühe
175 ml trockener Weißwein
6 Sardellenfilets aus der Dose, abgetropft
3 Tomaten, gehäutet, entkernt und gehackt
2 TL frisch gehackter Oregano
6 schwarze Oliven, entsteint

Zubereitung

1 Die Hühnerteile rundum salzen, pfeffern und mit den Knoblauchhälften einreiben. Das Öl in einem großen Topf erhitzen und die Hühnerteile darin bei mittlerer Hitze 8–10 Minuten anbraten; dabei gelegentlich wenden. Die Zwiebel zufügen, den Topf abdecken und das Fleisch bei geringer Hitze 20–25 Minuten schmoren, bis es gar ist.

2 Die Hühnerteile auf einen großen Servierteller geben, abdecken und warm halten. Die Champignons in den Sud im Topf geben und bei mittlerer Hitze 3 Minuten unter Rühren dünsten. Dann das Mehl zufügen und 1 Minute anschwitzen. Brühe und Wein zugießen, aufkochen und 10 Minuten unter Rühren köcheln lassen, bis die Sauce eingedickt ist.

3 4 Sardellenfilets grob hacken, mit Tomaten, Oregano und Oliven zur Sauce geben und 5 Minuten köcheln lassen. Unterdessen die beiden restlichen Sardellenfilets der Länge nach halbieren. Die fertige Sauce über die beiseitegestellten Hühnerteile gießen. Das Fleisch mit den halbierten Sardellenfilets garnieren und sofort servieren.

Coq au Vin

Zutaten

FÜR 4 PERSONEN

2 EL Butter
8 kleine Zwiebeln
125 g Frühstücksspeck, gewürfelt
4 ganze Hähnchenschenkel
1 Knoblauchzehe, fein gehackt
12 weiße Champignons
300 ml Rotwein
1 Bouquet garni
1 EL frisch gehackter Estragon
Salz und Pfeffer
2 TL Speisestärke
1–2 EL kaltes Wasser
frische glatte Petersilie, zum Garnieren
frisch gekochte Kartoffeln, zum Servieren

Zubereitung

1 Die Hälfte der Butter in einem großen Topf bei mittlerer Hitze zerlassen. Zwiebeln und Speck darin unter Rühren 3 Minuten anbraten. Aus der Pfanne nehmen und beiseitestellen.

2 Die restliche Butter im Topf zerlassen und die Hähnchenschenkel 3 Minuten anbraten, wenden und auf der anderen Seite 2 Minuten braten. Etwas Bratfett abschöpfen. Zwiebeln und Speck wieder in den Topf geben. Knoblauch, Pilze, Rotwein, Bouquet garni und Estragon hinzufügen. Salzen und pfeffern. Alles 1 Stunde schmoren, bis das Fleisch durchgegart ist.

3 Die Hähnchenschenkel auf einen tiefen Servierteller geben. Das Bouquet garni aus dem Topf entfernen. Den Schmorsud durch ein Haarsieb gießen. Zwiebeln, Speck und Pilze zu den Hähnchenschenkeln geben und warm halten. Den Sud in den Topf zurückgießen.

4 Die Speisestärke mit etwas Wasser anrühren, in den Schmorsud rühren und zum Kochen bringen. Die Hitze reduzieren und die Sauce unter Rühren 1 Minute eindicken lassen. Die Sauce über das Fleisch gießen und mit Petersilie garnieren. Kartoffeln dazu servieren.

Spanisches Hühnchen mit eingelegten Zitronen

Zutaten

FÜR 4 PERSONEN

1 EL Mehl
4 Hähnchenteile mit Haut
2 EL natives Olivenöl extra
2 Knoblauchzehen, zerdrückt
1 Zwiebel, in dünne Ringe geschnitten
750 ml Hühnerbrühe
½ TL Safranfäden
2 gelbe Paprika, in Stücke geschnitten
2 eingelegte Zitronen, geviertelt
250 g Vollkorn-Basmatireis
weißer Pfeffer
12 grüne Oliven mit Paprikafüllung
frisch gehackte Petersilie, zum Garnieren
grüner Salat, zum Servieren

Zubereitung

1 Den Backofen auf 180 °C vorheizen. Das Mehl auf einen Teller geben und die Hähnchenteile darin wenden.

2 Das Öl in einer großen Pfanne leicht erhitzen und den Knoblauch darin unter ständigem Rühren 1 Minute andünsten.

3 Das Hühnerfleisch zugeben. Bei mittlerer Hitze und unter häufigem Wenden 5 Minuten braten, bis die Haut leicht gebräunt ist. Dann auf einen Teller legen. Die Zwiebel in die Pfanne geben und unter gelegentlichem Rühren 10 Minuten glasig dünsten.

4 Unterdessen die Brühe und den Safran in einem Topf bei geringer Hitze erwärmen.

5 Das Hühnerfleisch und die Zwiebel in einen großen Schmortopf geben. Paprika, Zitronen, den Reis und schließlich die Brühe zufügen. Gut mischen und mit Pfeffer abschmecken.

6 Abdecken und 50 Minuten im Ofen schmoren, bis das Hühnerfleisch gar und weich ist. Die Hitze auf 160 °C reduzieren, dann die Oliven zugeben und alles weitere 10 Minuten schmoren.

7 Mit Petersilie bestreuen und grünen Salat dazu servieren.

Huhn nach Südstaatenart

Zutaten

FÜR 4 PERSONEN

5 EL Maiskeimöl
4 Hühnerteile
60 g Mehl
1 Zwiebel, gehackt
2 Selleriestangen, in Scheiben geschnitten
1 grüne Paprika, gewürfelt
2 Knoblauchzehen, fein gehackt
2 TL frisch gehackter Thymian
2 frische rote Chillies, entkernt und fein gehackt
400 g gehackte Tomaten aus der Dose
300 ml Hühnerbrühe
Salz und Pfeffer

Zum Garnieren

Feldsalat
frische Thymianblätter

Zubereitung

1 Das Öl in einem großen Topf erhitzen. Die Hühnerteile zufügen und bei mittlerer Hitze 5–10 Minuten unter Wenden goldbraun anbraten. Anschließend auf einem Teller beiseitestellen.

2 Das Mehl in das im Topf verbliebene Öl einrühren und bei geringer Hitze 15 Minuten anschwitzen; dabei ständig rühren und darauf achten, dass das Mehl nicht anbrennt. Dann Zwiebel, Sellerie und Paprika zufügen und 2 Minuten unter Rühren dünsten. Anschließend Knoblauch, Thymian und Chillies in den Topf geben und 1 Minute mitdünsten.

3 Die Tomaten einrühren und die Brühe zugießen. Die Hühnerteile in den Topf zurückgeben, abdecken und 45 Minuten in der Sauce köcheln lassen, bis sie gar sind. Das fertige Gericht mit Salz und Pfeffer abschmecken, auf vorgewärmte Teller verteilen und mit Feldsalat sowie Thymian garnieren.

Scharfes indisches Chilihuhn

Zutaten

FÜR 4 PERSONEN

2 frische grüne Chillies, gehackt
5 getrocknete rote Chillies
2 EL Tomatenmark
2 Knoblauchzehen, zerdrückt
1 EL Currypaste
1 TL Chilipulver
1 Prise Zucker
Salz
2 EL Erdnuss- oder Maiskeimöl
½ TL Kreuzkümmelsamen
1 Zwiebel, gehackt
2 Curryblätter
1 TL gemahlener Kreuzkümmel
1 TL gemahlener Koriander
½ TL gemahlene Kurkuma
400 g gehackte Tomaten aus der Dose
150 ml Hühnerbrühe
4 Hähnchenbrustfilets
1 TL Garam masala

Zum Servieren

frisch gekochter Reis
Naturjoghurt mit Salatgurke und Minze

Zubereitung

1 Sämtliche Chillies, Tomatenmark, Knoblauch, Currypaste, Chilipulver, Zucker und etwas Salz in der Küchenmaschine zu einer glatten Paste pürieren.

2 Das Öl in einer großen Pfanne erhitzen. Die Kreuzkümmelsamen zufügen und bei mittlerer Hitze unter Rühren etwa 2 Minuten rösten, bis sie aufplatzen und ihr Aroma entfalten. Dann Zwiebel und Curryblätter zugeben und 5 Minuten unter Rühren dünsten.

3 Die Chilipaste in die Pfanne zugeben und 2 Minuten mitdünsten. Dann Kreuzkümmel, Koriander und Kurkuma zufügen und weitere 2 Minuten dünsten.

4 Die Tomaten in die Pfanne geben und die Brühe zugießen. Aufkochen, dann die Hitze reduzieren und die Sauce 5 Minuten köcheln lassen. Anschließend die Hähnchenbrustfilets und Garam masala zufügen. Die Pfanne abdecken und den Inhalt weitere 20 Minuten sanft köcheln lassen, bis das Fleisch gar ist. Das fertige Gericht sofort mit Reis und Joghurt servieren.

Rotes Hühnchencurry

Zutaten

FÜR 4 PERSONEN

6 Knoblauchzehen, gehackt
2 frische rote Chillies, gehackt
2 EL frisch gehacktes Zitronengras
1 TL fein abgeriebene Limettenschale
1 EL frisch gehackte Kaffir-Limettenblätter
1 EL rote Currypaste
1 EL geröstete und zerstoßene Koriandersamen
1 EL Chiliöl
4 Hähnchenbrustfilets, in Scheiben geschnitten
300 ml Kokosmilch
300 ml Hühnerbrühe
1 EL Sojasauce
50 g ungesalzene Erdnüsse, geröstet und zerstoßen
3 Frühlingszwiebeln, diagonal in Scheiben geschnitten
1 rote Paprika, in Streifen geschnitten
3 Thai-Auberginen, in Scheiben geschnitten
2 EL frisch gehacktes Thai-Basilikum oder Koriander
frische Korianderblätter, zum Garnieren
frisch gekochter Jasminreis, zum Servieren

Zubereitung

1 Knoblauch, Chillies, Zitronengras, Limettenschale, Limettenblätter, Currypaste und Koriandersamen in der Küchenmaschine zu einer weichen Paste verarbeiten.

2 Das Öl in einem heißen Wok oder einer Pfanne stark erhitzen. Das Hühnerfleisch und die Knoblauchmischung zugeben und 5 Minuten pfannenrühren. Kokosmilch, Brühe und Sojasauce hinzufügen und zum Kochen bringen. Die Hitze reduzieren und unter Rühren 3 Minuten weiterbraten. Die Erdnüsse einrühren und 20 Minuten köcheln lassen.

3 Frühlingszwiebeln, Paprika und Auberginen zufügen und unter gelegentlichem Rühren weitere 10 Minuten köcheln lassen. Vom Herd nehmen, das Basilikum zugeben und mit Korianderblättern garnieren. Sofort mit Jasminreis servieren.

Grünes Hühnchencurry

Zutaten

FÜR 4 PERSONEN

1 EL Erdnuss- oder Pflanzenöl
1 Zwiebel, in Ringe geschnitten
1 Knoblauchzehe, fein gehackt
2–3 EL grüne Currypaste
425 ml Kokosmilch
150 ml Hühnerbrühe
4 Kaffir-Limettenblätter
4 Hähnchenbrustfilets, gewürfelt
1 EL Fischsauce
2 EL Sojasauce
abgeriebene Schale und Saft von ½ Limette
1 TL Palmzucker oder brauner Zucker
4 EL frisch gehackter Koriander, zum Garnieren
frisch gekochter Reis, zum Servieren

Zubereitung

1 Das Öl in einem Wok oder in einer großen Pfanne erhitzen. Zwiebel und Knoblauch darin 1–2 Minuten unter Rühren weich dünsten. Die Currypaste zugeben und unter Rühren 1–2 Minuten mitbraten.

2 Kokosmilch, Brühe und Limettenblätter zugeben, zum Kochen bringen und das Hühnchenfleisch zugeben. Die Hitze reduzieren und 15–20 Minuten köcheln, bis das Fleisch gar ist.

3 Fischsauce, Sojasauce, Limettenschale und -saft und den Zucker unterrühren. Alles weitere 2–3 Minuten köcheln lassen, bis sich der Zucker aufgelöst hat. Mit gehacktem Koriander garnieren und sofort mit Reis servieren.

Feuriges Hühnchen-Vindaloo

Zutaten

FÜR 4 PERSONEN

1 TL gemahlener Kreuzkümmel
1 TL gemahlener Zimt
2 TL Senfpulver
1 TL gemahlener Koriander
1 TL Cayennepfeffer
5 EL Rotweinessig
1 TL brauner Zucker
150 ml Pflanzenöl
8 Knoblauchzehen, zerdrückt
3 rote Zwiebeln, in Ringe geschnitten
4 Hähnchenbrustfilets, in mundgerechte Stücke geschnitten
2 kleine, frische rote Chillies, entkernt und gehackt
450 g Kartoffeln, gewürfelt
800 g gehackte Tomaten aus der Dose
1 EL Tomatenmark
Salz und Pfeffer
frisch gekochter Reis, zum Servieren

Zubereitung

1 Kreuzkümmel, Zimt, Senfpulver, Koriander und Cayennepfeffer in einer Schale mischen. Essig und Zucker sorgfältig unterrühren.

2 Das Öl in einer großen Pfanne erhitzen. Knoblauch und Zwiebeln darin bei mittlerer Hitze unter ständigem Rühren 5 Minuten andünsten. Die Fleischstücke zugeben und 3 Minuten anbraten. Chillies, Kartoffeln, Tomaten und Tomatenmark hinzufügen. Den Gewürzessig unterrühren. Großzügig salzen und pfeffern und zum Kochen bringen. Die Hitze reduzieren und bei geschlossenem Deckel 1 Stunde unter gelegentlichem Rühren schmoren.

3 Den Reis auf eine große Servierplatte geben. Das Vindaloo darauf verteilen und sofort servieren.

Pasanda-Huhn

Zutaten

FÜR 4 PERSONEN

4 Kardamomkapseln
6 schwarze Pfefferkörner
½ Zimtstange
½ TL Kreuzkümmelsamen
2 TL Garam masala
1 TL Chilipulver
1 TL frisch geriebener Ingwer
1 Knoblauchzehe, sehr fein gehackt
4 EL Naturjoghurt
1 Prise Salz
675 g Hühnerfleisch ohne Haut und Knochen, gewürfelt
5 EL Erdnussöl
2 Zwiebeln, fein gehackt
3 frische grüne Chillies, entkernt und gehackt
2 EL frisch gehackter Koriander
125 g Sahne
frische Korianderzweige, zum Garnieren

Zubereitung

1 Kardamomkapseln, Pfefferkörner, Zimtstange, Kreuzkümmelsamen, Garam masala, Chilipulver, Ingwer, Knoblauch, Joghurt und Salz in eine Schüssel geben. Die Fleischwürfel zufügen und gründlich in der Würzsauce wenden. Dann abdecken und 2–3 Stunden im Kühlschrank marinieren.

2 Das Öl in einem vorgeheizten Wok oder Karahi erhitzen. Die Zwiebeln zufügen und bei geringer Hitze 5 Minuten unter gelegentlichem Rühren weich dünsten. Dann das Hühnerfleisch mitsamt der Marinade zugeben und bei mittlerer Hitze 15 Minuten unter Rühren braten, bis das Fleisch gar ist.

3 Chillies und Koriander einrühren und die Sahne zugießen. Alles gut vermengen und sanft erhitzen, aber nicht aufkochen. Das fertige Gericht mit frischen Korianderzweigen garnieren und sofort servieren.

Gong-Bao-Hühnchen

Zutaten

FÜR 4 PERSONEN

Marinade

2 TL helle Sojasauce
1 TL Shaoxing-Reiswein
½ TL Zucker

Sauce

1 TL helle Sojasauce
1 TL dunkle Sojasauce
1 TL schwarzer chinesischer Reisessig
einige Tropfen Sesamöl
2 EL Hühnerbrühe
1 TL Zucker

2 Hähnchenbrustfilets mit oder ohne Haut, in 1 cm große Würfel geschnitten
1 EL Pflanzen- oder Erdnussöl
10 getrocknete rote Chillies, jeweils in 2–3 Stücke geschnitten
1 TL Szechuan-Pfefferkörner
3 Knoblauchzehen, in feine Scheiben geschnitten
2,5-cm-Stück Ingwerwurzel, in feine Scheiben geschnitten
1 EL grob gehackte Frühlingszwiebel (nur vom weißen Teil)
80 g geröstete Erdnüsse

Zubereitung

1 Für die Marinade alle Zutaten in einer Schüssel verrühren, das Fleisch zugeben und mindestens 20 Minuten marinieren. Die Zutaten für die Sauce verrühren und beiseitestellen.

2 Das Öl im vorgeheizten Wok erhitzen. Chillies und Pfeffer darin schwenken, bis sie knusprig sind und zu duften beginnen. Das Fleisch zugeben und unter Rühren anbraten. Knoblauch, Ingwer und Frühlingszwiebel zufügen. Unter Rühren etwa 5 Minuten braten, bis das Fleisch gar ist. Die Sauce einrühren und die Erdnüsse unterheben. Sofort servieren.

Hühnchen mit Nudeln

Bei allen, die nicht viel Zeit zum Kochen haben, stehen Nudeln ganz hoch im Kurs. Die Teigwaren sind schnell zubereitet – asiatische Nudeln müssen sogar oft nur in heißem Wasser eingeweicht werden –, und es gibt sie in so vielen Formen und Größen, dass sie nie langweilig werden! In kunstvoll angerichteten Nudelkörbchen schmecken der *Limetten-Geflügelsalat* oder das *Hühnchen Chow-Mein* doppelt so gut. Wenn Sie Pasta einmal selbst zubereiten möchten, versuchen Sie die *Sahnigen Hühnchen-Ravioli* oder *Tortellini mit Huhn & Sahnesauce*. Die Herstellung gelingt auch ohne Maschine, und die Nudeln schmecken einfach großartig.

Hühnchen mit Linguine & Artischocken ist eine köstliche Wahl für Diabetiker. Wenn Sie unter einer Glutenunverträglichkeit leiden, können Sie *Teriyaki-Huhn mit Sesamnudeln* aus Buchweizen, der nicht zu den Getreidearten zählt, oder *Ingwerhühnchen mit Nudeln* oder *Pad Thai* mit Reisnudeln zubereiten. In Reformhäusern und Diätabteilungen von Supermärkten finden sich mittlerweile immer mehr schmackhafte glutenfreie Alternativen für herkömmliche Pasta. Folgen Sie bei der Zubereitung der Nudeln den Angaben auf der Packung; meistens benötigen diese Teigwaren eine kürzere Garzeit.

Teriyaki-Huhn mit Sesamnudeln

Zutaten

FÜR 4 PERSONEN

4 Hähnchenbrustfilets (à 175 g)
4 EL Teriyaki-Sauce
Erdnuss- oder Pflanzenöl, zum Einfetten
Salatgurke, in Fächer geschnitten zum Garnieren

Sesamnudeln

1 EL Sesamöl
250 g japanische Buchweizennudeln (Soba)
2 EL geröstete Sesamsaat
2 EL frisch gehackte Petersilie
Salz und Pfeffer

Zubereitung

1 Die Hähnchenbrustfilets mit einem scharfen Messer dreimal schräg einschneiden und mit der Teriyaki-Sauce einreiben. Mindestens 10 Minuten marinieren.

2 Den Backofengrill vorheizen. Die Nudeln nach Packungsanweisung garen. Abgießen und abtropfen lassen.

3 Den Grillrost mit etwas Öl einpinseln. Die Hähnchenbrustfilets darauflegen und noch einmal mit der Sauce einpinseln. Bei starker Hitze 15 Minuten grillen, bis beim Einstechen klarer Fleischsaft austritt. Zwischendurch immer wieder mit Sauce einpinseln.

4 Inzwischen einen Wok stark vorheizen. Das Sesamöl zugeben und erhitzen. Die Nudeln zugeben und unter Rühren erhitzen, dann Sesamsaat und Petersilie unterrühren. Mit Salz und Pfeffer abschmecken.

5 Das Fleisch auf 4 Teller verteilen, dazu je eine Portion Nudeln geben und mit Gurkenfächern anrichten.

Nudelkörbchen mit Limetten-Geflügelsalat

Zutaten

FÜR 4 PERSONEN

Erdnuss- oder Maiskeimöl, zum Frittieren
250 g frische dünne oder mittelbreite chinesische Eiernudeln
6 EL Crème fraîche
6 EL Mayonnaise
2,5-cm-Stück Ingwerwurzel, gerieben
abgeriebene Schale und Saft von 1 Limette
4 Hähnchenoberschenkel ohne Haut und Knochen, gegart, abgekühlt und in schmale Streifen geschnitten
1 Karotte, gerieben
1 Salatgurke, längs halbiert, entkernt und in Scheiben geschnitten
Salz und Pfeffer
1 EL frisch gehackter Koriander
1 EL frisch gehackte Minze
1 EL frisch gehackte Petersilie
frische Basilikumblätter, in Stücke gezupft

Zubereitung

1 In einem Wok etwa 10 cm hoch Öl erhitzen. Am besten lassen sich die Nudelkörbchen mit 2 Gitterlöffeln bzw. Frittierlöffeln aus dem Asia-Shop zubereiten. Legen Sie eine Schicht Nudeln in einen Löffel, drücken Sie den zweiten, kleineren, darauf. Dann halten Sie die beiden Griffe fest zusammen, während Sie die Nudeln ins heiße Öl tauchen. 2–3 Minuten goldbraun frittieren. Aus dem Öl nehmen und auf Küchenpapier abtropfen lassen. Die Nudeln vorsichtig mit einem abgerundeten Messer aus dem Drahtkorb lösen. Die Nudelkörbchen abkühlen lassen.

2 Für den Salat Crème fraîche, Mayonnaise, Ingwer und Limettenschale verrühren. Langsam den Limettensaft nach Belieben zugeben. Fleisch, Karotte und Gurke zugeben und mit Salz und Pfeffer abschmecken. Kurz vor dem Servieren die Kräuter einrühren und den Salat in die Nudelkörbchen füllen.

Hühnchen Chow-Mein

Zutaten

FÜR 4 PERSONEN

250 g chinesische Eiernudeln
2 EL Sonnenblumenöl
280 g gegartes Hähnchenbrustfilet, in feine Streifen gezupft
1 Knoblauchzehe, fein gehackt
1 rote Paprika, in feine Streifen geschnitten
100 g Shiitake-Pilze, in Scheiben geschnitten
6 Frühlingszwiebeln, in Ringe geschnitten
100 g Bohnensprossen
3 EL Sojasauce
1 EL Sesamöl

Zubereitung

1 Die Nudeln in eine große Schüssel geben und leicht brechen. Mit kochendem Wasser bedecken und beiseitestellen.

2 Einen Wok bei mittlerer Hitze vorheizen. Das Öl hineingeben und durch Schwenken im Wok verteilen. Wenn das Öl heiß ist, Fleisch, Knoblauch, Paprika, Pilze, Frühlingszwiebeln und Bohnensprossen hineingeben und 5 Minuten unter Rühren anbraten.

3 Die Nudeln abtropfen lassen und in den Wok geben. Gut mit den anderen Zutaten vermengen und 5 Minuten pfannenrühren. Sojasauce und Sesamöl zugeben und alles sorgfältig vermischen.

4 In vorgewärmte Servierschalen füllen und sofort servieren.

Nudelkörbchen mit Hühnchen Chow-Mein

Zutaten

FÜR 4 PERSONEN

4 Nudelkörbchen aus 250 g frischen, mittelbreiten chinesischen Eiernudeln (siehe Seite 138)
6 EL Wasser
3 EL Sojasauce
1 EL Speisestärke
3 EL Erdnuss- oder Maiskeimöl
4 Hähnchenoberschenkel ohne Haut und Knochen, fein gewürfelt
2,5-cm-Stück Ingwerwurzel, fein gehackt
2 große Knoblauchzehen, zerdrückt
2 Selleriestangen, in dünne Scheiben geschnitten
100 g weiße Champignons, in dünne Scheiben geschnitten

Zubereitung

1 Die Nudelkörbchen nach Anweisung zubereiten und beiseitestellen.

2 Wasser, Sojasauce und Stärke in einer kleinen Schüssel verrühren und beiseitestellen.

3 Einen Wok oder eine große Pfanne vorheizen, 2 Esslöffel Öl zugeben und stark erhitzen. Das Fleisch 3 Minuten anbraten, dann mit einem Schaumlöffel aus dem Wok nehmen. Das restliche Öl zugeben. Ingwer, Knoblauch und Sellerie darin 2 Minuten unter Rühren braten. Die Pilze zugeben und 2 Minuten mitbraten. Das Gemüse aus dem Wok nehmen und zum Fleisch geben.

4 Die angerührte Speisestärke in den Wok gießen und unter Rühren aufkochen, bis die Sauce eindickt. Fleisch und Gemüse wieder zugeben und in der Sauce erwärmen. Die Nudelkörbchen auf vier Teller legen, Fleisch und Gemüse darauf verteilen.

Ingwerhühnchen mit Nudeln

Zutaten

FÜR 4 PERSONEN

2 EL Erdnuss- oder Pflanzenöl
1 Zwiebel, in Ringe geschnitten
2 Knoblauchzehen, fein gehackt
5-cm-Stück Ingwerwurzel, in dünne Scheiben geschnitten
2 Karotten, in dünne Scheiben geschnitten
2 Hähnchenbrustfilets, gewürfelt
300 ml Hühnerbrühe
4 EL Sojasauce
225 g Bambussprossen
75 g breite Reisnudeln

Zum Garnieren

4 Frühlingszwiebeln, gehackt
4 EL frisch gehackter Koriander

Zubereitung

1 Das Öl in einem Wok erhitzen. Zwiebel, Knoblauch, Ingwer und Karotten darin 1–2 Minuten unter Rühren braten. Das Hühnerfleisch zugeben und 3–4 Minuten goldbraun braten, bis es gar ist.

2 Brühe, Sojasauce und Bambussprossen zugeben, alles kurz aufkochen und 2–3 Minuten köcheln. Die Nudeln 6–8 Minuten in kochendem Wasser einweichen und dann gut abtropfen lassen. Mit Frühlingszwiebeln und Koriander garnieren und sofort mit dem Hühnerfleisch servieren.

Pad Thai

Zutaten

FÜR 4 PERSONEN

225 g Reisnudeln
90 g Erdnüsse, grob gehackt, plus etwas mehr zum Garnieren
2 EL Limettensaft
1 EL Zucker
6 EL Thai-Fischsauce
1 TL scharfe Chilisauce
250 g fester Tofu, gewürfelt
Pflanzenöl, zum Frittieren
3 EL Erdnussöl
1 Knoblauchzehe, zerdrückt
1 Zwiebel, in feine Ringe geschnitten
1 rote Paprika, in feine Streifen geschnitten
250 g Hähnchenbrustfilet, in feine Streifen geschnitten
90 g Bohnensprossen
125 g Zuckerschoten
175 g gekochte Garnelen, ausgelöst und der Länge nach halbiert
3 Eier, verquirlt

Zum Garnieren

Zitronenspalten
4 Frühlingszwiebeln, fein gehackt
1 EL frisch gehacktes Basilikum

Zubereitung

1 Die Nudeln etwa 20 Minuten in einer Schüssel mit warmem Wasser einweichen. In ein Sieb geben und gut abtropfen lassen. Erdnüsse, Limettensaft, Zucker, Fischsauce und Chilisauce in einer Schale verrühren.

2 Den Tofu unter kaltem Wasser abspülen und mit Küchenpapier trocken tupfen. Das Frittierfett in einer tiefen Pfanne oder einem Wok erhitzen und die Tofuwürfel darin bei mittlerer Hitze 2 Minuten frittieren, bis sie leicht gebräunt und knusprig sind. Die Pfanne vom Herd nehmen, die Tofuwürfel mit einem Schaumlöffel aus dem Fett nehmen und auf Küchenpapier abtropfen lassen.

3 Eine zweite Pfanne oder einen Wok erhitzen. Erdnussöl, Knoblauch, Zwiebel, Paprika und Fleisch hineingeben und 2–3 Minuten anbraten. Bohnensprossen und Zuckerschoten zugeben und 1 weitere Minute pfannenrühren. Garnelen, Nudeln, Eier und Tofu hinzufügen und 4–5 Minuten pfannenrühren. Zuletzt die Erdnuss-Limettensauce untermischen und 3–4 Minuten pfannenrühren. Auf vorgewärmte Teller geben und mit Zitronenspalten, Frühlingszwiebeln und Basilikum garnieren. Sofort servieren.

Huhn mit grünem Gemüse

Zutaten

FÜR 4 PERSONEN

250 g mittelbreite chinesische Eiernudeln
2 EL Erdnuss- oder Maiskeimöl
1 große Knoblauchzehe, zerdrückt
1 frische grüne Chili, entkernt und in Ringe geschnitten
1 EL chinesisches Fünf-Gewürze-Pulver
2 Hähnchenbrustfilets, in dünne Streifen geschnitten
2 grüne Paprika, in Streifen geschnitten
120 g Brokkoli, in kleine Röschen zerteilt
50 g feine grüne Bohnen, in 4 cm lange Stücke geschnitten
5 EL Gemüse- oder Hühnerbrühe
2 EL Austernsauce
2 EL Sojasauce
1 EL Reiswein oder trockener Sherry
50 g Bohnensprossen

Zubereitung

1 Die Nudeln in einem Topf mit kochendem Wasser 4 Minuten oder nach Packungsanweisung garen. Abgießen, abspülen, abtropfen lassen und beiseitestellen.

2 Einen Wok oder eine große Pfanne vorheizen. 1 Esslöffel Öl stark erhitzen. Knoblauch, Chili und Fünf-Gewürze-Pulver zugeben und 30 Sekunden anbraten.

3 Das Fleisch zugeben, 3 Minuten garen, mit einem Schaumlöffel herausnehmen und beiseitestellen.

4 Das restliche Öl im Wok stark erhitzen. Paprika, Brokkoli und Bohnen darin 2 Minuten unter Rühren braten. Brühe, Austernsauce, Sojasauce und Reiswein zugeben, dann das Fleisch wieder zufügen. Alles unter ständigem Rühren 1 Minute erhitzen, bis das Gemüse gar, aber noch bissfest ist. Nudeln und Bohnensprossen zugeben und alles mit 2 Gabeln vermischen.

Fettuccine mit Huhn & Zwiebelsahnesauce

Zutaten

FÜR 4 PERSONEN

1 EL Olivenöl
2 EL Butter
1 Knoblauchzehe, sehr fein gehackt
4 Hähnchenbrustfilets
Salz und Pfeffer
1 Zwiebel, fein gehackt
1 Würfel Hühnerbrühe, zerkrümelt
125 ml Wasser
175 ml Milch
300 g Crème double
6 Frühlingszwiebeln, diagonal in Ringe geschnitten
35 g frisch geriebener Parmesan
450 g Fettuccine
frisch gehackte glatte Petersilie, zum Garnieren

Zubereitung

1 Öl und Butter bei mittlerer bis geringer Hitze in einer großen Pfanne erwärmen. Dann den Knoblauch darin leicht anbräunen. Die Hähnchenbrustfilets zugeben und bei mittlerer Hitze von jeder Seite 4–5 Minuten braten, bis kein rosafarbener Saft mehr austritt. Mit Salz und Pfeffer würzen. Vom Herd nehmen. Das Fleisch aus der Pfanne heben, diagonal in dünne Streifen schneiden und beiseitestellen.

2 Das Öl in der Pfanne erneut erhitzen und die Zwiebel darin 5 Minuten glasig dünsten. Brühwürfel und Wasser zugeben, alles aufkochen und 10 Minuten bei mittlerer bis geringer Hitze köcheln lassen. Milch, Crème double, Frühlingszwiebeln und Parmesan zufügen. Köcheln lassen, bis alles heiß ist und leicht andickt.

3 In einem großen Topf leicht gesalzenes Wasser aufkochen. Die Fettuccine darin al dente kochen. Abgießen, abtropfen lassen und in eine vorgewärmte Servierschüssel geben. Die Hühnchenstreifen darauf anrichten. Mit Sauce übergießen, Petersilie daraufstreuen und servieren.

Tagliatelle mit Huhn & Shiitake-Sauce

Zutaten

FÜR 4 PERSONEN

25 g getrocknete Shiitake-Pilze
350 ml heißes Wasser
1 EL Olivenöl
6 Scheiben Frühstücksspeck, gewürfelt
3 Hähnchenbrustfilets, in Streifen geschnitten
120 g frische Shiitake-Pilze, in Scheiben geschnitten
1 kleine Zwiebel, fein gehackt
1 TL frisch gehackter Oregano oder Majoran
275 ml Hühnerbrühe
300 g Schlagsahne
Salz und Pfeffer
450 g Tagliatelle
50 g frisch geriebener Parmesan
frisch gehackte glatte Petersilie, zum Garnieren

Zubereitung

1 Die getrockneten Pilze in einer kleinen Schüssel mit dem heißen Wasser bedecken und 30 Minuten quellen lassen. Die Pilze herausnehmen und das Wasser über der Schüssel herausdrücken. Die Einweichflüssigkeit durch ein feines Sieb abseihen und aufbewahren. Dann die Pilze in Streifen schneiden, dabei die Stiele entfernen.

2 Das Öl in einer großen Pfanne langsam erhitzen. Anschließend Speck und Fleisch darin 3 Minuten pfannenrühren. Dann sämtliche Pilze, Zwiebel und Oregano zugeben und die Mischung 5–7 Minuten pfannenrühren. Brühe und Pilzwasser zugießen, unter Rühren aufkochen und 10 Minuten köcheln lassen. Dann die Sahne zugeben und unter Rühren 5 Minuten köchelnd andicken lassen. Alles mit Salz und Pfeffer abschmecken, dann die Pfanne vom Herd nehmen und beiseitestellen.

3 In einem großen Topf leicht gesalzenes Wasser aufkochen. Die Tagliatelle darin al dente kochen. Abgießen, abtropfen lassen und in eine vorgewärmte Servierschüssel geben. Dann mit der Sauce übergießen, mit der Hälfte des Parmesans bestreuen und alles gut vermischen. Mit Petersilie garnieren und den restlichen Parmesan dazu reichen.

Hühnchen-Nudel-Salat

Zutaten

FÜR 2 PERSONEN

120–150 g dreifarbige Pasta, z. B. Fusilli
2 EL Mayonnaise
2 TL Pesto
1 EL saure Sahne
Salz und Pfeffer
175 g Hähnchenbrustfilet, gekocht
1–2 Selleriestangen
125 g blaue Weintrauben
1 große Karotte
frische Sellerieblätter, zum Garnieren

Dressing

1 EL Weißweinessig
3 EL natives Olivenöl extra
Salz und Pfeffer

Zubereitung

1 Für das Dressing alle Zutaten gut verrühren.

2 In einem Topf leicht gesalzenes Wasser aufkochen. Die Pasta darin al dente kochen. Abgießen und abtropfen lassen. In eine Salatschüssel geben, das Dressing über die noch warmen Nudeln gießen, gut mischen und auskühlen lassen.

3 Mayonnaise, Pesto und saure Sahne verrühren und mit Salz und Pfeffer abschmecken. Das Hühnerfleisch in mundgerechte Stücke, den Sellerie schräg in feine Scheiben schneiden. Einige Weintrauben zum Garnieren zurücklegen, die restlichen halbieren und entkernen. Die Karotte in feine Stifte schneiden.

4 Fleisch, Sellerie, Trauben, Karotte und Pesto-Mayonnaise zu den Nudeln geben und gut unterrühren. Nach Belieben mit Salz und Pfeffer abschmecken. Den Salat auf zwei Tellern anrichten und mit den zurückbehaltenen Trauben und den Sellerieblättern garnieren.

Pappardelle mit Huhn & Steinpilzen

Zutaten

FÜR 4 PERSONEN

40 g getrocknete Steinpilze
175 ml heißes Wasser
800 g gehackte Tomaten aus der Dose
1 frische rote Chili, entkernt und fein gehackt
3 EL Olivenöl
350 g Hähnchenbrustfilet, in Streifen geschnitten
2 Knoblauchzehen, fein gehackt
350 g Pappardelle
Salz und Pfeffer
2 El frisch gehackte glatte Petersilie, zum Garnieren

Zubereitung

1 Die Steinpilze in einer kleinen Schüssel mit dem heißen Wasser übergießen und 30 Minuten ziehen lassen. Inzwischen die Tomaten samt Flüssigkeit aus der Dose in einen Topf geben, dann die Chili unterrühren. Aufkochen und unter gelegentlichem Rühren 30 Minuten einkochen lassen.

2 Die Pilze mit einem Schaumlöffel aus der Einweichflüssigkeit nehmen; die Flüssigkeit durch einen Kaffeefilter oder ein Musselinsieb in den Topf seihen. Weitere 15 Minuten köcheln lassen. Inzwischen 2 Esslöffel des Olivenöls in einer Pfanne erhitzen. Das Hühnerfleisch hineingeben und unter häufigem Rühren braten, bis es rundum goldbraun und gar ist. Pilze und Knoblauch unterrühren und weitere 5 Minuten garen.

3 Während das Fleisch gebraten wird, in einem großen Topf leicht gesalzenes Wasser aufkochen. Die Pasta darin al dente kochen. Abgießen, gut abtropfen lassen und in eine vorgewärmte Servierschüssel geben. Mit dem restlichen Olivenöl beträufeln und leicht vermengen. Die Hühnerfleischmischung unter die Tomatensauce rühren, mit Salz und Pfeffer abschmecken und über die Pasta verteilen. Alles vermengen, mit Petersilie bestreuen und sofort servieren.

Spaghetti mit Petersilienhühnchen

Zutaten

FÜR 2 PERSONEN

1 EL Olivenöl
Zesten von 1 Zitrone
1 TL frisch gehackter Ingwer
1 TL Zucker
Salz
250 ml Hühnerbrühe
250 g Spaghetti
50 g Butter
250 g Hähnchenbrustfilet, gewürfelt
1 rote Zwiebel, fein gehackt
Blätter von 2 Bund glatter Petersilie

Zubereitung

1 Das Olivenöl in einem Topf erhitzen. Die Zitronenzesten zugeben und bei geringer Hitze unter häufigem Rühren 5 Minuten dünsten. Ingwer, Zucker und Salz unterrühren und unter ständigem Rühren 2 Minuten dünsten. Die Hühnerbrühe zugießen und alles etwa 5 Minuten kochen, bis die Flüssgkeit auf die Hälfte reduziert ist.

2 In einem großen Topf leicht gesalzenes Wasser aufkochen. Die Pasta darin al dente kochen.

3 Währenddessen die Hälfte der Butter in einer Pfanne zerlassen. Fleisch und Zwiebel zugeben und unter häufigem Rühren 5 Minuten anbraten, bis das Fleisch rundum leicht gebräunt ist. Die Zitronen-Ingwer-Brühe unterrühren und 1 Minute köcheln lassen. Die Petersilie zugeben und alles unter ständigem Rühren weitere 3 Minuten garen.

4 Die Pasta abgießen, abtropfen lassen und in eine vorgewärmte Servierschüssel füllen. Die restliche Butter zugeben und gut vermengen. Die Sauce zugeben, wieder alles gut vermengen und servieren.

Garganelli mit Hühnchen & Feta

Zutaten

FÜR 4 PERSONEN

2 EL Olivenöl
450 g Hähnchenbrustfilet, in dünne Streifen geschnitten
6 Frühlingszwiebeln, in feine Ringe geschnitten
250 g Feta, gewürfelt
4 EL frisch gehackter Schnittlauch
Salz und Pfeffer
450 g Garganelli
Tomaten-Focaccia, zum Servieren

Zubereitung

1 Das Olivenöl in einer Pfanne erhitzen. Das Hühnerfleisch hineingeben und bei mittlerer Hitze unter häufigem Rühren 5–8 Minuten braten, bis es rundum goldbraun und gar ist. Die Frühlingszwiebeln zugeben und 2 Minuten garen. Den Feta mit der Hälfte des Schnittlauchs unterrühren und alles mit Salz und Pfeffer abschmecken.

2 Inzwischen in einem großen Topf leicht gesalzenes Wasser aufkochen. Die Pasta darin al dente kochen. Abgießen, gut abtropfen lassen und in eine vorgewärmte Servierschüssel füllen.

3 Die Fleischmischung auf die Pasta geben und alles vermengen. Mit dem restlichen Schnittlauch garnieren und sofort servieren. Die Focaccia dazu reichen.

Hühnchen mit Linguine & Artischocken

Zutaten

FÜR 4 PERSONEN

4 Hähnchenbrustfilets
fein abgeriebene Schale und Saft von 1 Zitrone
2 EL Olivenöl
2 Knoblauchzehen, zerdrückt
400 g Artischockenherzen aus der Dose, abgetropft und in Scheiben geschnitten
250 g Kirschtomaten
300 g Linguine

Zum Servieren

frisch gehackte Petersilie
fein geriebener Parmesan

Zubereitung

1 Jedes Hähnchenbrustfilet zwischen zwei Lagen Frischhaltefolie legen und mit einem Nudelholz plätten. Das Fleisch mit Zitronenschale und -saft sowie 1 Esslöffel Öl in eine flache Schüssel legen und gründlich darin wenden. Abgedeckt 30 Minuten im Kühlschrank marinieren.

2 Das restliche Öl in einer Pfanne bei niedriger Hitze erwärmen. Den Knoblauch darin unter häufigem Rühren 1 Minute dünsten. Die Artischocken und Tomaten zufügen und 5 Minuten unter gelegentlichem Rühren braten. Etwa die Hälfte der Marinade zugießen und bei mittlerer Hitze weitere 5 Minuten köcheln lassen.

3 Unterdessen den Backofengrill auf hoher Stufe vorheizen. Das Fleisch aus der restlichen Marinade heben, auf dem Grillrost verteilen und 5 Minuten von jeder Seite grillen, bis es gar ist.

4 Währenddessen in einem großen Topf leicht gesalzenes Wasser aufkochen. Die Linguine darin al dente kochen. Die Nudeln abtropfen lassen und wieder in den Topf füllen. Die Artischocken-Tomaten-Mischung unterheben und das Hähnchenfleisch hineinwürfeln. Auf 4 vorgewärmte Teller verteilen und mit Petersilie und Parmesan bestreuen.

Farfalle mit Hühnchen, Brokkoli & Paprika

Zutaten

FÜR 4 PERSONEN

4 EL Olivenöl
60 g Butter
3 Knoblauchzehen, sehr fein gehackt
450 g Hähnchenbrustfilet, gewürfelt
1 Msp. getrocknete Chiliflocken
Salz und Pfeffer
450 g Brokkoli, in kleine Röschen geschnitten
300 g Farfalle oder Fusilli
175 g geröstete rote und grüne Paprika aus dem Glas, abgetropft und gewürfelt
275 ml Hühnerbrühe
frisch geriebener Parmesan, zum Servieren

Zubereitung

1 Salzwasser in einem großen Topf zum Kochen bringen. In der Zwischenzeit Olivenöl, Butter und Knoblauch in einer großen Pfanne erhitzen. Dann den Knoblauch darin andünsten, bis er Farbe annimmt.

2 Die Fleischwürfel zugeben, die Hitze etwas verstärken und das Fleisch unter Rühren 4–5 Minuten leicht bräunen. Anschließend die Chiliflocken zugeben und alles mit Salz und Pfeffer abschmecken. Die Pfanne vom Herd nehmen.

3 Den Brokkoli ins kochende Wasser geben und 2 Minuten blanchieren. Mit einem Schaumlöffel herausheben und beiseitestellen. Das Wasser wieder aufkochen und die Nudeln darin al dente garen. Abgießen und zum Fleisch in die Pfanne geben. Brokkoli und Paprika zugeben und die Hühnerbrühe zugießen. Alles unter regelmäßigem Rühren bei mittlerer bis starker Hitze köcheln lassen, bis der größte Teil der Flüssigkeit einkocht. Mit Parmesan bestreuen und servieren.

Tortellini mit Huhn & Sahnesauce

Zutaten

FÜR 4 PERSONEN

120 g Hähnchenbrustfilet
60 g Parmaschinken
40 g frischer Spinat, gekocht und abgetropft
1 EL fein gehackte Zwiebel
2 EL frisch geriebener Parmesan
1 Prise Piment
1 Ei, verquirlt
Salz und Pfeffer
2 Portionen Pastateig (siehe Seite 174)
2 EL frisch gehackte Petersilie, zum Garnieren

Sauce

300 g Sahne
2 Knoblauchzehen, zerdrückt
120 g weiße Champignons, in dünne Scheiben geschnitten
4 EL frisch geriebener Parmesan
Salz und Pfeffer

Zubereitung

1 Für die Füllung Salzwasser in einem großen Topf aufkochen und das Hühnerfleisch 10 Minuten darin garen. Leicht abkühlen lassen, dann mit Schinken, Spinat und Zwiebel in der Küchenmaschine fein hacken. Parmesan, Piment und Ei einrühren und mit Salz und Pfeffer abschmecken.

2 Den Pastateig dünn ausrollen und runde Kreise (5 cm Ø) ausstechen.

3 In die Mitte jedes Kreises ½ Teelöffel der Huhn-Gemüse-Füllung geben. Die Kreise über der Mitte falten und die Ränder zusammendrücken. Jede Teigtasche einmal um den Zeigefinger wickeln, die Enden kreuzen und den Teigrand nach hinten schlagen.

4 In einem großen Topf leicht gesalzenes Wasser aufkochen. Die Tortellini darin 5 Minuten kochen. Abgießen und auf einen Servierteller geben.

5 Sahne und Knoblauch für die Sauce aufkochen und 3 Minuten köcheln lassen. Die Champignons und die Hälfte des Parmesans zugeben, mit Salz und Pfeffer abschmecken und 3 Minuten köcheln lassen. Die Sauce über die Tortellini geben. Mit Parmesan und Petersilie bestreuen und sofort servieren.

Hühnchenlasagne

Zutaten

FÜR 6 PERSONEN

2 EL Olivenöl
900 g Hühnerfleisch, durch den Fleischwolf gedreht
1 Knoblauchzehe, fein gehackt
4 Karotten, gewürfelt
4 Porreestangen, in kleine Stücke geschnitten
500 ml Hühnerbrühe
2 EL Tomatenmark
Salz und Pfeffer
120 g frisch geriebener Gouda
1 TL Dijon-Senf
125 g Lasagne (ohne Vorkochen)

Béchamelsauce

625 ml Milch
1 Lorbeerblatt
6 schwarze Pfefferkörner
2 Zwiebelscheiben
1 Prise Muskatblüte
50 g Butter
60 g Mehl
Salz und Pfeffer

Zubereitung

1 Für die Béchamelsauce Milch, Lorbeerblatt, Pfeffer, Zwiebel und Muskatblüte in einen Topf geben. Bis knapp unter den Siedepunkt erhitzen, vom Herd nehmen, abdecken und 10 Minuten ziehen lassen. Die Milch in einen Krug seihen. Die Butter in einem zweiten Topf zerlassen. Das Mehl darin bei geringer Hitze 1 Minute anschwitzen. Vom Herd nehmen und die Milch einrühren. Wieder auf den Herd stellen, aufkochen und unter Rühren eindicken lassen. Mit Salz und Pfeffer abschmecken.

2 Den Backofen auf 190 °C vorheizen. Das Öl in einer Pfanne erhitzen. Das Fleisch hineingeben, bei mittlerer Hitze 5 Minuten rundum anbraten und dabei mit einem Holzlöffel zerteilen. Knoblauch, Karotten und Porree zugeben und unter gelegentlichem Rühren 5 Minuten garen.

3 Hühnerbrühe und Tomatenmark unterrühren. Nach Belieben mit Salz und Pfeffer abschmecken. Aufkochen, dann die Hitze reduzieren, abdecken und 30 Minuten köcheln lassen.

4 Die Hälfte des Goudas und den Senf in die heiße Béchamelsauce rühren. In eine große Auflaufform abwechselnd die Hühnerfleischmischung, Lasagne und Käsesauce schichten, zuletzt mit Käsesauce bedecken. Mit dem restlichen Gouda bestreuen und im Ofen 1 Stunde goldbraun backen. Heiß servieren.

Cannelloni mit Ricotta-Huhn

Zutaten

FÜR 4 PERSONEN

125 ml Weißweinessig
1 Knoblauchzehe, zerdrückt
225 ml Olivenöl, plus etwas mehr zum Braten
4 Hähnchenbrustfilets, gewürfelt
75 g Butter
500 g Crème double
1 TL Salz
1 TL frisch gemahlener schwarzer Pfeffer
1 Msp. frisch geriebene Muskatnuss
50 g frisch geriebener Parmesan
450 g Ricotta
1 Ei, verquirlt
1 EL frisch gehackter Oregano
2 EL frisch gehacktes Basilikum
225 g Cannelloni (ohne Vorkochen)
75 g frisch geriebener Mozzarella
frische Basilikumzweige, zum Garnieren

Zubereitung

1 Essig, Knoblauch und Olivenöl in einer Schüssel gut mischen. Das Hähnchenfleisch darin 30 Minuten marinieren.

2 In einer Pfanne etwas Öl erhitzen. Das Fleisch in die Pfanne geben und unter Rühren 5–7 Minuten bräunen. Anschließend beiseitestellen.

3 Die Butter in einem Topf bei mittlerer bis starker Hitze zerlassen. Crème double, Salz, Pfeffer und Muskat zugeben und die Sauce unter Rühren andicken lassen. Die Hitze reduzieren, den Parmesan zugeben und unter Rühren schmelzen. Den Topf vom Herd nehmen.

4 Den Backofen auf 180 °C vorheizen. In einer Schüssel Ricotta, Ei und Kräuter mischen und das Hähnchenfleisch einrühren. Dann die Cannelloni mit dieser Mischung füllen. Die Hälfte der Sauce in eine große Auflaufform geben und die Cannelloni daraufsetzen. Die Nudeln mit der restlichen Sauce übergießen, mit Mozzarella bestreuen und mit Alufolie abgedeckt 45 Minuten backen. Vor dem Servieren 10 Minuten ruhen lassen, dann mit Basilikumzweigen garnieren.

Cannelloni mit Huhn & Wildpilzen

Zutaten

FÜR 4 PERSONEN

Butter, zum Einfetten
2 EL Olivenöl
2 Knoblauchzehen, zerdrückt
1 große Zwiebel, fein gehackt
250 g Wildpilze, klein geschnitten
350 g Hühnerfleisch, durch den Fleischwolf gedreht
120 g Parmaschinken, gewürfelt
150 ml Marsala
200 g gehackte Tomaten aus der Dose
1 EL frisch gehacktes Basilikum
2 EL Tomatenmark
Salz und Pfeffer
10–12 Cannelloni
625 ml Béchamelsauce (siehe Seite 168)
100 g frisch geriebener Parmesan

Zubereitung

1 Eine große Auflaufform leicht mit Butter einfetten. Das Olivenöl in einer Pfanne erhitzen. Knoblauch, Zwiebel und Pilze hineingeben und bei geringer Hitze unter häufigem Rühren 8–10 Minuten dünsten. Hühnerfleisch und Schinken zugeben und unter häufigem Rühren 12 Minuten rundum bräunen. Marsala, Tomaten samt Flüssigkeit aus der Dose, Basilikum und Tomatenmark zugeben und 4 Minuten garen. Mit Salz und Pfeffer abschmecken, dann abdecken und 30 Minuten köcheln lassen. Danach umrühren und ohne Deckel 15 Minuten köcheln lassen.

2 Inzwischen in einem großen Topf leicht gesalzenes Wasser aufkochen. Die Cannelloni darin al dente kochen. Die Nudeln abgießen, abtropfen lassen und mit Küchenpapier trocken tupfen. Den Backofen auf 190 °C vorheizen.

3 Mit einem Teelöffel die Hühnchen-Wildpilz-Mischung in die Cannelloni füllen. Die gefüllten Cannelloni nebeneinander in die Auflaufform legen, vollständig mit der Béchamelsauce bedecken und mit Parmesan bestreuen.

4 30 Minuten im Ofen goldbraun backen. Sofort servieren.

Sahnige Hühnchen-Ravioli

Zutaten

FÜR 4 PERSONEN

120 g Hähnchenbrustfilet, gekocht und grob gehackt
50 g Spinat, gekocht
50 g Parmaschinken, grob gewürfelt
1 Schalotte, grob gehackt
6 EL frisch geriebener Pecorino
1 Prise frisch geriebene Muskatnuss
2 Eier, verquirlt
Salz und Pfeffer
300 g Crème double oder Panna da Cucina
2 Knoblauchzehen, fein gehackt
120 g braune Champignons, in dünne Scheiben geschnitten
2 EL frisch gehacktes Basilikum
frische Basilikumzweige, zum Garnieren

Pastateig

200 g Mehl (Type 405 oder 550), plus etwas mehr zum Bestäuben
1 Prise Salz
2 Eier, verquirlt
1 EL Olivenöl

Zubereitung

1 Für den Pastateig das Mehl in die Schüssel der Küchenmaschine sieben. Salz, Eier und Öl zugeben und alles zu einem Teig verarbeiten. Auf einer bemehlten Arbeitsfläche glatt kneten. In Frischhaltefolie eingewickelt 30 Minuten ruhen lassen.

2 Hühnerfleisch, Spinat, Schinken und Schalotte in der Küchenmaschine klein hacken. In eine Schüssel geben; 2 Esslöffel Käse, Muskatnuss und die Hälfte der Eimasse unterrühren. Mit Salz und Pfeffer abschmecken.

3 Den Pastateig halbieren. Beide Hälften auf einer bemehlten Arbeitsfläche dünn ausrollen. Kleine Portionen der Füllung auf eine der Teigflächen setzen und die Zwischenräume mit Ei bestreichen. Die zweite Teigfläche darauf legen und zwischen der Füllung festdrücken. In Quadrate schneiden und auf ein bemehltes Küchentuch legen. 1 Stunde ruhen lassen.

4 Die Ravioli portionsweise 5 Minuten in kochendem Salzwasser garen. Herausnehmen, abtropfen lassen und in eine Schüssel geben.

5 Crème double und Knoblauch in einer Pfanne aufkochen, 1 Minute köcheln lassen, dann die Pilze und 2 Esslöffel Pecorino zugeben. Abschmecken und 3 Minuten köcheln lassen. Das Basilikum einrühren und die Sauce über die Ravioli gießen. Mit Pecorino bestreuen und mit Basilikumzweigen garnieren.

Hühnchen mit Reis

Reisgerichte erfreuen sich auf der ganzen Welt großer Beliebtheit, und weil überall unterschiedliche Reissorten verwendet werden, sind auch die Ergebnisse vielfältig.

Eines der besten und bekanntesten Reisgerichte ist der italienische Risotto, der sich auf unzählige Arten variieren lässt. Arborio-Reis wird unter ständigem Rühren gegart, bis er sich in einen herrlich cremigen Risotto verwandelt. Versuchen Sie einen einfachen *Risotto mit Hähnchenbrust,* die zuvor in Olivenöl, Knoblauch, Zitrone und Thymian eingelegt wurde, oder den *Huhn-Pilz-Risotto mit Nüssen:* köstliche Kombinationen – alles aus einem Topf.

Hühnchen und Reis sind die Grundzutaten der spanischen Paella. Schon allein der Name *Hühnchen-Fisch-Paella* lässt einem das Wasser im Mund zusammenlaufen und weckt Erinnerungen an den letzten Spanienurlaub!

Und was wären asiatische Gerichte ohne Reis? *Gebratener Reis mit Huhn & Ei* ist ein Klassiker aus Thailand, während das *Gedämpfte Hühnchenfleisch im Lotusmantel* ein elegantes Gericht aus China ist. Für ein gesundes Herz sollten Sie *Hühnchen-Jambalaya* wählen. Köstlich!

Risotto mit Hähnchenbrust

Zutaten

FÜR 4 PERSONEN

4 Portionen Hähnchenbrust mit Haut, aber ohne Knochen (à 120 g)
Salz und Pfeffer
abgeriebene Schale und Saft von 1 Zitrone
5 EL natives Olivenöl extra
1 Knoblauchzehe, zerdrückt
Blätter von 8 frischen Thymianzweigen, fein gehackt
3 EL Butter
1 kleine Zwiebel, fein gehackt
280 g Arborio-Reis
150 ml trockener Weißwein
1 l heiße Hühnerbrühe
90 g frisch geriebener Parmesan oder Grana Padano

Zum Garnieren

Zitronenspalten
frische Thymianzweige

Zubereitung

1 Die Hähnchenbrust in eine flache Schale geben und mit Salz und Pfeffer würzen. Zitronenschale und -saft, 4 Esslöffel Öl, Knoblauch und Thymian mischen, über das Fleisch gießen und alles gut vermengen. Mit Frischhaltefolie abdecken und 4–6 Stunden im Kühlschrank marinieren, dann herausnehmen und auf Zimmertemperatur erwärmen lassen.

2 Das Fleisch mit der Haut nach unten in einer heißen Pfanne 10 Minuten goldbraun und knusprig braten. Wenden und dann weitere 10–15 Minuten braten, bis es gar ist. Danach 5 Minuten abkühlen lassen und in Scheiben schneiden.

3 In einem Topf 2 Esslöffel Butter mit dem restlichen Öl bei mittlerer Hitze zerlassen. Die Zwiebel darin unter gelegentlichem Rühren weich dünsten. Dann die Hitze reduzieren, den Reis zugeben und unter ständigem Rühren 2–3 Minuten anbraten, bis er glasig wird. Den Wein zugießen und 1 Minute unter Rühren köcheln, bis er verkocht. Die Brühe nach und nach zugeben, dabei ständig rühren, bis der Reis gar ist und die gesamte Brühe aufgenommen hat. Mit Salz und Pfeffer abschmecken. Den Risotto vom Herd nehmen und die restliche Butter einrühren. Dann den Käse unterheben. Das Fleisch auf dem Risotto anrichten, alles mit Zitronenspalten und Thymianzweigen garnieren und sofort servieren.

Hühnchenrisotto alla milanese

Zutaten

FÜR 4 PERSONEN

125 g Butter
900 g Hähnchenbrustfilet, in dünne Streifen geschnitten
1 große Zwiebel, gehackt
500 g Arborio-Reis
150 ml Weißwein
1 TL zerstoßene Safranfäden
Salz und Pfeffer
625 ml heiße Hühnerbrühe

Zum Garnieren

60 g frisch gehobelter Parmesan
frische Petersilienzweige

Zubereitung

1 In einem Topf 60 g Butter zerlassen. Fleisch und Zwiebel zufügen und bei mittlerer Hitze unter gelegentlichem Rühren 8–10 Minuten goldbraun anbraten.

2 Die Hitze reduzieren, den Reis zugeben und unter ständigem Rühren 2–3 Minuten anbraten, bis er glasig wird. Wein und Safran zugeben und mit Salz und Pfeffer abschmecken. Unter ständigem Rühren so lange köcheln, bis der Wein stark verkocht ist.

3 Die Brühe nach und nach zugeben; dabei ständig rühren und weitere Brühe zugießen, sobald der Reis die vorangegangene Portion aufgenommen hat. Die Hitze so erhöhen, dass die Brühe leicht köchelt, und den Reis insgesamt 20–25 Minuten kochen, bis er gar und cremig ist und die gesamte Brühe aufgesogen hat.

4 Den fertigen Risotto auf vorgewärmte Teller verteilen. Die restliche Butter in Flocken auf dem Risotto verteilen. Mit Parmesan bestreuen, mit Petersilie garnieren und servieren.

Huhn-Pilz-Risotto mit Nüssen

Zutaten

FÜR 4 PERSONEN

50 g Butter
1 Zwiebel, gehackt
250 g Hähnchenbrustfilet, gewürfelt
350 g Arborio-Reis
1 TL Kurkuma
350 ml Weißwein
1,4 l heiße Hühnerbrühe
80 g Champignons, in Scheiben geschnitten
50 g Cashewkerne, halbiert
Salz und Pfeffer

Zum Garnieren

frischer wilder Rucola
frisch gehobelter Parmesan
frische Basilikumblätter

Zubereitung

1 Die Butter bei mittlerer Hitze in einem großen Topf zerlassen. Die Zwiebel darin unter Rühren 5 Minuten weich dünsten. Das Fleisch zugeben und 5 Minuten unter Rühren braten. Die Hitze reduzieren, den Reis zugeben und unter ständigem Rühren 2–3 Minuten anbraten, bis er glasig wird. Dann die Kurkuma einrühren. Schließlich den Wein zugießen und 1 Minute unter Rühren köcheln, bis er verkocht ist.

2 Die Brühe nach und nach zugeben; dabei ständig rühren und weitere Brühe zugießen, sobald der Reis die vorangegangene Portion aufgenommen hat. Die Hitze so erhöhen, dass die Brühe leicht köchelt, und den Reis insgesamt 20–25 Minuten kochen, bis er gar und cremig ist und die gesamte Brühe aufgesogen hat. Dann 3 Minuten vor Ende der Garzeit Champignons und Cashewkerne einrühren und alles mit Salz und Pfeffer abschmecken.

3 Den Rucola auf 4 Tellern anrichten. Den Risotto vom Herd nehmen, auf dem Rucolabett verteilen, mit Parmesan und Basilikumblättern garnieren und sofort servieren.

Hühnchen-Fisch-Paella

Zutaten

FÜR 4 PERSONEN

½ TL Safranfäden
2 EL heißes Wasser
150 g Kabeljaufilet, abgespült
1,4 l heißer Fischfond
12 rohe Riesengarnelen, ausgelöst
200 g Miesmuscheln, abgebürstet und Bärte entfernt (beschädigte Muscheln oder solche, die sich bei leichtem Dagegenklopfen nicht schließen, wegwerfen)
3 EL natives Olivenöl extra
150 g Hähnchenbrustfilet, gewürfelt und mit Salz und Pfeffer gewürzt
1 große rote Zwiebel, gehackt
2 Knoblauchzehen, gehackt
½ TL Cayennepfeffer
½ TL Paprikapulver
250 g Tomaten, gehäutet und in Spalten geschnitten
1 rote und 1 gelbe Paprika, in Streifen geschnitten
375 g Paellareis
Salz und Pfeffer
175 g Mais aus der Dose, abgetropft
3 Eier, hart gekocht und geviertelt, zum Garnieren
Zitronenspalten, zum Servieren

Zubereitung

1 Den Safran im Wasser einweichen. Den Fisch 5 Minuten im Fond garen, dann unter kaltem Wasser abspülen, abtropfen lassen, würfeln und beiseitestellen. Die Garnelen 2 Minuten im Fond kochen, dann zum Kabeljau geben. Die Muscheln im Fond kochen, bis sie sich öffnen. Ungeöffnete Exemplare wegwerfen, die anderen beiseitestellen.

2 Das Öl bei mittlerer Hitze in einer Paellapfanne erwärmen. Das Fleisch darin 5 Minuten unter Rühren braten. Die Zwiebel zufügen und unter Rühren weich dünsten. Dann Knoblauch, Cayennepfeffer, Paprikapulver und den Safran samt Einweichwasser 1 Minute mitkochen. Tomaten und Paprika zufügen und alles weitere 2 Minuten unter Rühren garen.

3 Den Reis in die Pfanne geben und 1 Minute unter Rühren anbraten. Den Großteil des Fonds zugießen, aufkochen und 10 Minuten köcheln lassen; nicht umrühren, die Pfanne nur ein- bis zweimal schütteln. Salzen und pfeffern und weitere 10 Minuten kochen, bis der Reis fast gar ist; bei Bedarf Brühe zugießen. Fisch, Meeresfrüchte und Mais zufügen und 3 Minuten kochen.

4 Sobald die gesamte Flüssigkeit aufgenommen ist, die Paella vom Herd nehmen, mit Alufolie abdecken und 5 Minuten ziehen lassen. Mit Eiern garnieren und mit Zitronenspalten servieren.

Klassische Paella

Zutaten

FÜR 6–8 PERSONEN

½ TL Safranfäden
2 EL heißes Wasser
6 EL natives Olivenöl extra
6–8 Hähnchenoberschenkel mit Haut und Knochen, überschüssiges Fett entfernt
150 g Chorizo, ohne Haut und in 5 mm dicke Scheiben geschnitten
2 große Zwiebeln, gehackt
4 große Knoblauchzehen, zerdrückt
1 TL Paprikapulver, mild oder scharf (nach Belieben)
375 g Paellareis
100 g grüne Bohnen, gehackt
100 g Erbsen, Tiefkühlware aufgetaut
1,25 l Fisch-, Hühner- oder Gemüsebrühe
Salz und Pfeffer
16 Miesmuscheln, abgebürstet und Bärte entfernt (beschädigte Muscheln oder solche, die sich bei leichtem Dagegenklopfen nicht schließen, wegwerfen)
16 rohe Garnelen, ausgelöst
2 rote Paprika, gegrillt, gehäutet und in Streifen geschnitten
30 g frisch gehackte Petersilie, zum Garnieren

Zubereitung

1 Die Safranfäden einige Minuten im Wasser einweichen.

2 In einer Paellapfanne (30 cm Ø) 3 Esslöffel Öl auf mittlerer Stufe erhitzen. Die Hähnchenschenkel mit der Haut nach unten hineinlegen und 5 Minuten knusprig anbraten. In eine Schüssel geben. Die Wurst in der Pfanne braten, bis sie beginnt, knusprig zu werden, dann zum Hähnchenfleisch in die Schüssel geben.

3 In der Pfanne das restliche Öl erhitzen. Die Zwiebeln darin 2 Minuten andünsten, dann Knoblauch und Paprikapulver zugeben und weitere 3 Minuten braten, bis die Zwiebeln glasig, aber nicht gebräunt sind. Reis, Bohnen und Erbsen zufügen und gut unterrühren. Hähnchenschenkel, Wurst, Brühe, Safran samt Einweichflüssigkeit sowie Salz und Pfeffer zugeben und unter Rühren aufkochen. Dann bei schwacher Hitze ohne Rühren 15 Minuten köcheln lassen, bis der Reis fast gar und die Flüssigkeit größtenteils aufgesogen ist.

4 Muscheln, Garnelen und Paprikastreifen auf der Paella verteilen, diese abdecken und ohne Rühren 5 Minuten köcheln lassen, bis die Garnelen sich rosa färben und die Muscheln sich öffnen. Alle nicht geöffneten Muscheln wegwerfen. Das Gericht abschmecken, mit der Petersilie bestreuen und sofort servieren.

Geflügelpaella mit Orange

Zutaten

FÜR 4–6 PERSONEN

½ TL Safranfäden
2 EL heißes Wasser
175 g Hähnchenbrustfilet, in mundgerechte Stücke geschnitten
4 große Entenbrustfilets, in mundgerechte Stücke geschnitten
Salz und Pfeffer
2 EL Olivenöl
1 große Zwiebel, gehackt
2 Knoblauchzehen, zerdrückt
1 TL Paprikapulver
225 g Tomaten, gehäutet und in Spalten geschnitten
1 orangefarbene Paprika, gekocht, gehäutet und fein gehackt
175 g Kidneybohnen aus der Dose
375 g Paellareis
1 EL frisch gehackte glatte Petersilie, plus einige Zweige zum Garnieren
1 EL abgeriebene Orangenschale
2 EL Orangensaft
100 ml Weißwein
1,25 l Hühnerbrühe
Orangenspalten, zum Servieren

Zubereitung

1 Die Safranfäden einige Minuten im Wasser einweichen.

2 Das Fleisch salzen und pfeffern. Das Öl in einer großen Paellapfanne erhitzen und das Fleisch darin auf mittlerer Stufe unter Rühren 5 Minuten anbraten. Herausnehmen und beiseitestellen. Die Zwiebel in der Pfanne dünsten, bis sie weich ist. Knoblauch, Paprikapulver und Safran mit Einweichwasser einrühren und 1 Minute köcheln. Tomaten, Paprika und Bohnen zugeben und unter Rühren 2 Minuten garen.

3 Reis und Petersilie unterheben und 1 Minute köcheln lassen. Orangenschale, Orangensaft, Wein und den größten Teil der Brühe zugießen, aufkochen und ohne abzudecken 10 Minuten köcheln lassen. Dabei nicht rühren, aber die Pfanne ein- bis zweimal schütteln. Das Fleisch zugeben, schütteln und mit Salz und Pfeffer abschmecken. Alles 10–15 Minuten köcheln lassen, bis der Reis fast gar ist. Bei Bedarf mehr Brühe zugeben.

4 Wenn die Flüssigkeit ganz aufgesogen ist und der Reis ein feines Röstaroma entwickelt hat, die Pfanne vom Herd nehmen. Mit Alufolie abdecken und 5 Minuten ruhen lassen. Mit Petersilienzweigen garnieren und Orangenspalten dazu reichen.

Bunte Paella

Zutaten

FÜR 4–6 PERSONEN

1,25 l Fischfond
12 rohe Riesengarnelen
½ TL Safranfäden
2 EL heißes Wasser
100 g Hähnchenbrustfilet, in 1 cm große Stücke geschnitten
100 g mageres Schweinefleisch, in 1 cm große Stücke geschnitten
Salz und Pfeffer
3 EL Olivenöl
100 g Chorizo, ohne Haut und in 1 cm große Stücke geschnitten
1 große rote Zwiebel, gehackt
2 Knoblauchzehen, zerdrückt
½ TL Cayennepfeffer
½ TL Paprikapulver
1 rote und 1 grüne Paprika, in Streifen geschnitten
12 Kirschtomaten, halbiert
375 g Paellareis
1 EL frisch gehackte Petersilie
2 TL frisch gehackter Estragon
1 Zitrone und 1 Limette, in Spalten geschnitten, zum Servieren

Zubereitung

1 Den Fischfond in eine Pfanne gießen und aufkochen. Die Garnelen zugeben und 2 Minuten köcheln. Herausnehmen und den Fond weiterköcheln. Die Safranfäden im Wasser einweichen.

2 Das Hühner- und Schweinefleisch salzen und pfeffern. Das Öl in einer großen Paellapfanne erhitzen; Fleisch und Chorizo darin auf mittlerer Stufe unter Rühren 5 Minuten anbraten. Die Zwiebel zugeben und dünsten, bis sie weich ist. Knoblauch, Cayennepfeffer, Paprikapulver und Safran mit Einweichwasser einrühren und 1 Minute köcheln lassen. Paprika und Tomaten zugeben und unter Rühren 2 Minuten garen.

3 Reis und Kräuter unterheben und 1 Minute unter Rühren köcheln. Den größten Teil der Brühe zugießen, aufkochen und ohne abzudecken 10 Minuten köcheln lassen. Dabei die Pfanne ein- bis zweimal schütteln. Mit Salz und Pfeffer abschmecken. Weitere 10 Minuten köcheln lassen, bis der Reis fast gar ist. Bei Bedarf mehr Brühe zugeben. Die Garnelen zugeben, schütteln und 2 Minuten garen.

4 Wenn die Flüssigkeit aufgesogen ist und der Reis ein feines Röstaroma entwickelt hat, die Pfanne vom Herd nehmen. Mit Alufolie abdecken und 5 Minuten ruhen lassen. Mit Zitronen- und Limettenspalten servieren.

Spanischer Reis mit Huhn

Zutaten

FÜR 4 PERSONEN

1,25 kg Hühnerteile
Salz und Pfeffer
3 EL Olivenöl
2 Zwiebeln, halbiert und in Ringe geschnitten
175 g Langkornreis
125 ml trockener Weißwein
1 Msp. Safranfäden, leicht zerstoßen
375 ml Hühnerbrühe
1–2 milde grüne Chillies, z. B. Serrano-Chillies, fein gehackt
2 Knoblauchzehen, fein gehackt
2 Fleischtomaten, gehäutet, entkernt und gehackt
frische Korianderzweige, zum Garnieren

Zubereitung

1 Die Hühnerteile mit Salz und Pfeffer würzen. 2 Esslöffel Öl in einer Kasserolle erhitzen und das Fleisch darin bei mittlerer Hitze 8–10 Minuten goldbraun anbraten; dabei gelegentlich wenden. Anschließend das Fleisch auf einem Teller beiseitestellen.

2 Das restliche Öl in die Kasserolle geben. Die Zwiebeln darin bei geringer Hitze unter gelegentlichem Rühren 5 Minuten weich dünsten. Dann den Reis 2 Minuten mitdünsten, bis alle Körner glasig sind.

3 Den Wein zugießen und die Mischung zum Kochen bringen. Dann die Hitze reduzieren, die Kasserolle abdecken und den Reis etwa 8 Minuten köcheln lassen, bis er die gesamte Flüssigkeit aufgesogen hat. Safran und Brühe mischen und über den Reis gießen. Dann Chillies und Knoblauch einrühren und mit Salz abschmecken. Abdecken und 15 Minuten köcheln lassen.

4 Die Tomaten zufügen und die Hühnerteile in die Kasserolle zurückgeben; die einzelnen Teile dabei leicht in Sauce und Reis drücken. Anschließend die Kasserolle erneut abdecken und weitere 25 Minuten köcheln lassen, bis das Fleisch gar ist. Das fertige Gericht mit Korianderzweigen garnieren und sofort servieren.

Huhn mit Reis nach griechischer Art

Zutaten

FÜR 4 PERSONEN

8 Hähnchenoberschenkel
2 EL Maiskeimöl
1 Zwiebel, gehackt
2 Knoblauchzehen, fein gehackt
175 g Langkornreis
225 ml Hühnerbrühe
800 g gehackte Tomaten aus der Dose
1 EL frisch gehackter Thymian
2 EL frisch gehackter Oregano
12 schwarze Oliven, entsteint und gehackt
50 g Feta, zerbröckelt
frische Oreganozweige, zum Garnieren

Zubereitung

1 Die Haut von den Hähnchenschenkeln entfernen. Das Öl in einer Kasserolle erhitzen und die Schenkel darin – eventuell portionsweise – bei mittlerer Hitze 8–10 Minuten goldbraun anbraten; dabei gelegentlich wenden. Anschließend das Fleisch auf einem Teller beiseitestellen.

2 Zwiebel, Knoblauch, Reis und 50 ml Brühe in die Kasserolle geben und alles 5 Minuten unter Rühren kochen, bis die Zwiebel weich ist. Anschließend restliche Brühe, Tomaten und Kräuter einrühren.

3 Das Fleisch in die Kasserolle zurückgeben; die Schenkel dabei leicht in Sauce und Reis drücken. Aufkochen, dann die Hitze reduzieren, den Topf abdecken und das Gericht 25–30 Minuten köcheln lassen, bis das Fleisch gar ist. Nun die Oliven einrühren, das Gericht mit Feta bestreuen, mit Oreganozweigen garnieren und heiß servieren.

Hühnchen-Jambalaya

Zutaten

FÜR 4 PERSONEN

400 g Hähnchenbrustfilet, gewürfelt
1 rote Zwiebel, gewürfelt
1 Knoblauchzehe, zerdrückt
625 ml Hühnerbrühe
400 g gehackte Tomaten aus der Dose
280 g Vollkornreis
1–2 TL Chilipulver
½ TL Paprikapulver
1 TL getrockneter Oregano
1 rote und 1 gelbe Paprika, gewürfelt
100 g Mais, Tiefkühlware aufgetaut
100 g Erbsen, Tiefkühlware aufgetaut
3 EL frisch gehackte Petersilie
frisch gemahlener schwarzer Pfeffer
knackiger grüner Salat, zum Servieren (nach Belieben)

Zubereitung

1 Hühnerfleisch, Zwiebel, Knoblauch, Brühe, Tomaten und Reis in einen großen Topf geben. Chilipulver, Paprikapulver und Oregano unterrühren. Zum Kochen bringen, dann die Hitze reduzieren, abdecken und 25 Minuten köcheln lassen.

2 Paprika, Mais und Erbsen zur Reismischung geben und alles erneut aufkochen. Die Hitze reduzieren, abdecken und weitere 10 Minuten köcheln lassen, bis der Reis gar ist, aber noch Biss hat. Der Großteil der Brühe sollte aufgesogen, das Gericht aber nicht trocken sein.

3 2 Esslöffel Petersilie einrühren und das Gericht mit Pfeffer abschmecken. Den Eintopf in eine vorgewärmte Servierschüssel füllen, mit der restlichen Petersilie bestreuen und nach Belieben mit Salat servieren.

Gebratener Reis mit Huhn & Ei

Zutaten

FÜR 4 PERSONEN

220 g Jasminreis
3 Hähnchenbrustfilets, gewürfelt
400 ml Kokosmilch
50 g Kokoscreme, gewürfelt
2–3 Korianderwurzeln, gehackt
Schale von 1 Limette, in feine Streifen geschnitten
1 frische grüne Chili, entkernt und gehackt
3 frische Thai-Basilikumblätter
1 EL Fischsauce
1 EL Öl
3 Eier, verquirlt

Zum Garnieren

frischer Schnittlauch
frische Korianderzweige

Zubereitung

1 Den Reis 12–15 Minuten in köchelndem Wasser garen, gut abtropfen und abkühlen lassen und über Nacht in den Kühlschrank stellen.

2 Die Fleischwürfel in einen Topf geben und mit der Kokosmilch bedecken. Kokoscreme, Korianderwurzeln, Limettenschale und Chili zugeben und alles vorsichtig aufkochen. 8–10 Minuten köcheln lassen, bis das Fleisch gar ist. Vom Herd nehmen. Basilikum und Fischsauce zugeben.

3 Inzwischen das Öl in einem Wok erhitzen und den Reis darin 2–3 Minuten unter Rühren anbraten. Die Eier unterheben und unter Rühren stocken lassen. 4 kleine Becher oder Puddingformen mit Frischhaltefolie auskleiden, den Reis hineinfüllen und gut andrücken. Die Formen vorsichtig auf Servierteller stürzen und die Folie vom Reis abziehen.

4 Reis mit Schnittlauch und Korianderzweigen garnieren und mit dem Hühnerfleisch servieren.

Hainan-Hühnchen mit Reis

Zutaten

FÜR 4–6 PERSONEN

1,5 kg küchenfertige Poularde
50 g Ingwerwurzel, zerdrückt
2 Knoblauchzehen, zerdrückt
1 Frühlingszwiebel, zu einem Knoten geschlungen
1 TL Salz
2 EL Erdnuss- oder Pflanzenöl
Chili- oder Sojasauce, zum Servieren

Reis

2 EL Erdnuss- oder Pflanzenöl
5 Knoblauchzehen, fein gehackt
5 Schalotten, fein gehackt
350 g Langkornreis
950 ml Hühnerbrühe
1 TL Salz

Zubereitung

1 Die Poularde außen und innen gut abspülen und trocken tupfen. Mit Ingwer, Knoblauch, Frühlingszwiebel und Salz füllen.

2 In einem großen Topf ausreichend Wasser zum Kochen bringen. Die Poularde mit der Brustseite nach unten hineingeben; sie sollte ganz mit Wasser bedeckt sein. Erneut aufkochen, dann die Hitze reduzieren und 30–40 Minuten köcheln lassen. Dabei die Poularde einmal wenden.

3 Die Poularde aus der Brühe nehmen und unter fließend kaltem Wasser 2 Minuten abspülen. Abtropfen lassen und das Öl in die Haut reiben. Beiseitestellen.

4 Für den Reis das Öl im vorgeheizten Wok oder in einer tiefen Pfanne erhitzen. Knoblauch und Schalotten darin schwenken, bis sie zu duften beginnen. Den Reis zufügen und unter schnellem Rühren 3 Minuten garen. In einen großen Topf umfüllen und mit Brühe und Salz zum Kochen bringen. Die Hitze reduzieren und abgedeckt 20 Minuten köcheln lassen. Bei ausgeschaltetem Herd den Reis weitere 5–10 Minuten nachquellen lassen, bis er gar ist.

5 Das Poulardenfleisch in großen Stücken von den Knochen lösen und mit dem Reis und Chili- oder Sojasauce servieren.

Gedämpftes Hühnchen-fleisch im Lotusmantel

Zutaten

FÜR 4–8 PERSONEN

100 g rohe kleine Garnelen, ausgelöst
5-cm-Stück Ingwerwurzel
200 g mageres Hühnchenfleisch, in feine Streifen geschnitten
2 TL helle Sojasauce
50 g getrocknete chinesische Pilze, 20 Min. in warmem Wasser eingeweicht
2 EL Erdnussöl
200 g Cha Siu (gebratenes und mit Honig glasiertes Schweinefilet) oder Schweinerippe ohne Knochen, in feine Streifen geschnitten
1 EL Shaoxing-Reiswein
1 TL dunkle Sojasauce
½ TL weißer Pfeffer
1 TL Zucker
450 g Klebreis, 2 Std. in kaltem Wasser eingeweicht
1 TL Salz
8 getrocknete Lotusblätter, 1 Std. in heißem Wasser eingeweicht

Zubereitung

1 Die Garnelen 5 Minuten dämpfen. Beiseitestellen. Den Ingwer ganz fein reiben, dabei den Saft auffangen. Das Huhn in Sojasauce und Ingwersaft 20 Minuten marinieren, dann in der Marinade gar dämpfen. Beiseitestellen. Die Pilze gut ausdrücken, harte Stiele entfernen und Kappen in feine Streifen schneiden. Das Einweichwasser aufbewahren.

2 Im Wok oder einer tiefen Pfanne 1 Esslöffel Öl erhitzen. Schweinfleisch, Garnelen und Pilze darin 2 Minuten pfannenrühren. Reiswein, dunkle Sojasauce, Pfeffer, Zucker und nach Bedarf das Pilz-Einweichwasser unterrühren.

3 Den Reis abtropfen lassen und mit 450 ml Wasser aufkochen. Salz und 1 Esslöffel Öl zufügen und abgedeckt 15 Minuten köcheln. In 8 Portionen teilen und beiseitestellen.

4 Die Lotusblätter abtropfen lassen und trocken tupfen. Auf jedes Blatt eine halbe Portion Reis geben und zu einem Quadrat (10 cm x 10 cm) flach drücken. Mit Schweinefleisch-Mix und Huhn belegen, dann mit der anderen Hälfte der Reisportion bedecken. Die Blätter zu festen Päckchen falten und 15 Minuten dämpfen. Vor dem Servieren 5 Minuten ruhen lassen.

Hühnchen mit Gemüse & Korianderreis

Zutaten

FÜR 4 PERSONEN

2 EL Erdnussöl
1 rote Zwiebel, gehackt
2 Knoblauchzehen, gehackt
2,5-cm-Stück Ingwerwurzel, gehackt
2 Hähnchenbrustfilets, in Streifen geschnitten
120 g kleine Champignons
400 ml Kokosmilch aus der Dose
50 g Zuckererbsen, geputzt und längs halbiert
2 EL Sojasauce
1 EL Fischsauce

Reis

1 EL Erdnussöl
1 rote Zwiebel, in Ringe geschnitten
350 g Reis, gekocht und abgekühlt
250 g Pak Choi, grob zerzupft
1 Handvoll frischer Koriander, gehackt
2 EL Thai-Sojasauce

Zubereitung

1 Das Öl in einem Wok erhitzen. Zwiebel, Knoblauch und Ingwer darin 1–2 Minuten anbraten.

2 Fleisch und Champignons zugeben und bei starker Hitze rundum braun anbraten. Kokosmilch, Zuckererbsen und Saucen untermengen und kurz aufkochen. Bei schwacher Hitze köcheln lassen, bis das Fleisch gar ist.

3 Für den Reis das Öl in einem zweiten Wok oder einer großen Pfanne erhitzen. Die Zwiebel darin weich dünsten, aber nicht bräunen. Gekochten Reis, Pak Choi und Koriander untermengen und alles sanft erhitzen, bis die Pak-Choi-Blätter zusammenfallen. Mit der Sojasauce beträufeln und sofort mit dem Fleisch servieren.

Biryani-Hähnchen

Zutaten

FÜR 8 PERSONEN

1½ TL frisch gehackter Ingwer
2 Knoblauchzehen, zerdrückt
1 EL Garam masala
1 TL Chilipulver
½ TL Kurkuma
2 TL Salz
5 weiße oder grüne Kardamomkapseln, zerstoßen
300 g Naturjoghurt
1,5 kg küchenfertige Poularde ohne Haut und in 8 Stücke zerlegt
150 ml Milch
1 TL Safranfäden
75 g Ghee oder Butter
2 Zwiebeln, in Ringe geschnitten
450 g Basmatireis
1 TL Schwarzkümmelsamen
2 Zimtstangen
4 schwarze Pfefferkörner
4 frische grüne Chillies, fein gehackt
2–3 EL fein gehackte frische Korianderblätter
4 EL Zitronensaft

Zubereitung

1 Ingwer, Knoblauch, Garam masala, Chilipulver, Kurkuma, 1 Teelöffel Salz und Kardamom verrühren. Mit Joghurt und Hühnerfleisch vermengen, 3 Stunden zum Marinieren beiseitestellen.

2 Die Milch mit dem Safran aufkochen und beiseitestellen.

3 Das Ghee in einem Topf erhitzen und die Zwiebeln darin goldbraun braten. Die Hälfte der Zwiebeln herausnehmen und beiseitestellen.

4 Den Reis mit Schwarzkümmel, Zimt und Pfeffer in reichlich Wasser halb gar kochen. Abgießen und in einer Schüssel mit 1 Teelöffel Salz mischen.

5 Die Hähnchen-Gewürz-Mischung zu den Zwiebeln in den Topf geben. Jeweils die Hälfte der Safranmilch, der Chillies, der Korianderblätter und des Zitronensaftes zugeben. Reis und restliche Zutaten darauf verteilen. Abgedeckt bei geringer Hitze etwa 1 Stunde garen. Wenn das Fleisch dann noch nicht weich ist, weitere 15 Minuten köcheln. Alles gut vermischen und Sofort servieren.